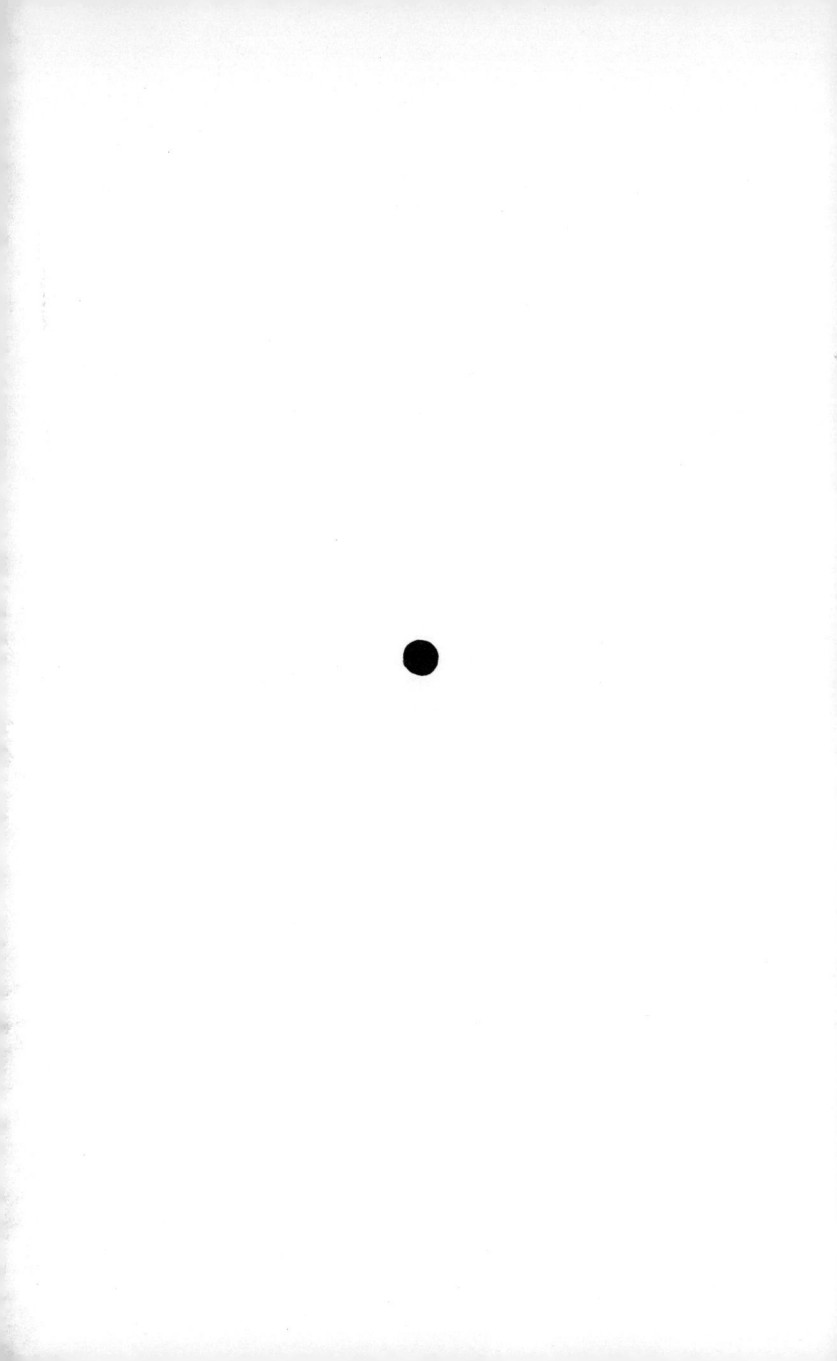

KIERAN E. SCOTT

PONTO

Título original: *Dot*
Copyright do texto e das ilustrações © 2020 por Kieran E. Scott
Copyright da tradução © 2021 por GMT Editores Ltda.

Originalmente publicado pela Penguin Random House New Zealand Ltd.
Edição atual publicada mediante acordo com a Penguin Random House New Zealand Ltd.

Todos os direitos reservados. Nenhuma parte deste livro pode ser utilizada ou reproduzida sob quaisquer meios existentes sem autorização por escrito dos editores.

tradução: Livia Cabrini

revisão: Hermínia Totti e Sheila Louzada

projeto gráfico: Katrina Duncan

adaptação de capa e de projeto gráfico: Gustavo Cardozo

ilustrações: Kieran E. Scott

impressão e acabamento: Pancrom Indústria Gráfica Ltda.

CIP-BRASIL. CATALOGAÇÃO NA PUBLICAÇÃO
SINDICATO NACIONAL DOS EDITORES DE LIVROS, RJ

S439p

Scott, Kieran E.
 Ponto / Kieran E. Scott ; [tradução Livia Cabrini]. - 1. ed. - Rio de Janeiro : Sextante, 2021.
 152 p. : il. ; 18 cm.

 Tradução de: Dot
 ISBN 978-65-5564-216-2

 1. Atenção plena (Psicologia). 2. Ansiedade. 3. Respiração - Aspectos psicológicos. I. Cabrini, Livia. II. Título.

21-72385
CDD: 153.733
CDU: 159.952

Camila Donis Hartmann - Bibliotecária - CRB-7/6472

Todos os direitos reservados, no Brasil, por
GMT Editores Ltda.
Rua Voluntários da Pátria, 45 – Gr. 1.404 – Botafogo
22270-000 – Rio de Janeiro – RJ
Tel.: (21) 2538-4100 – Fax: (21) 2286-9244
E-mail: atendimento@sextante.com.br
www.sextante.com.br

Este livro é para você

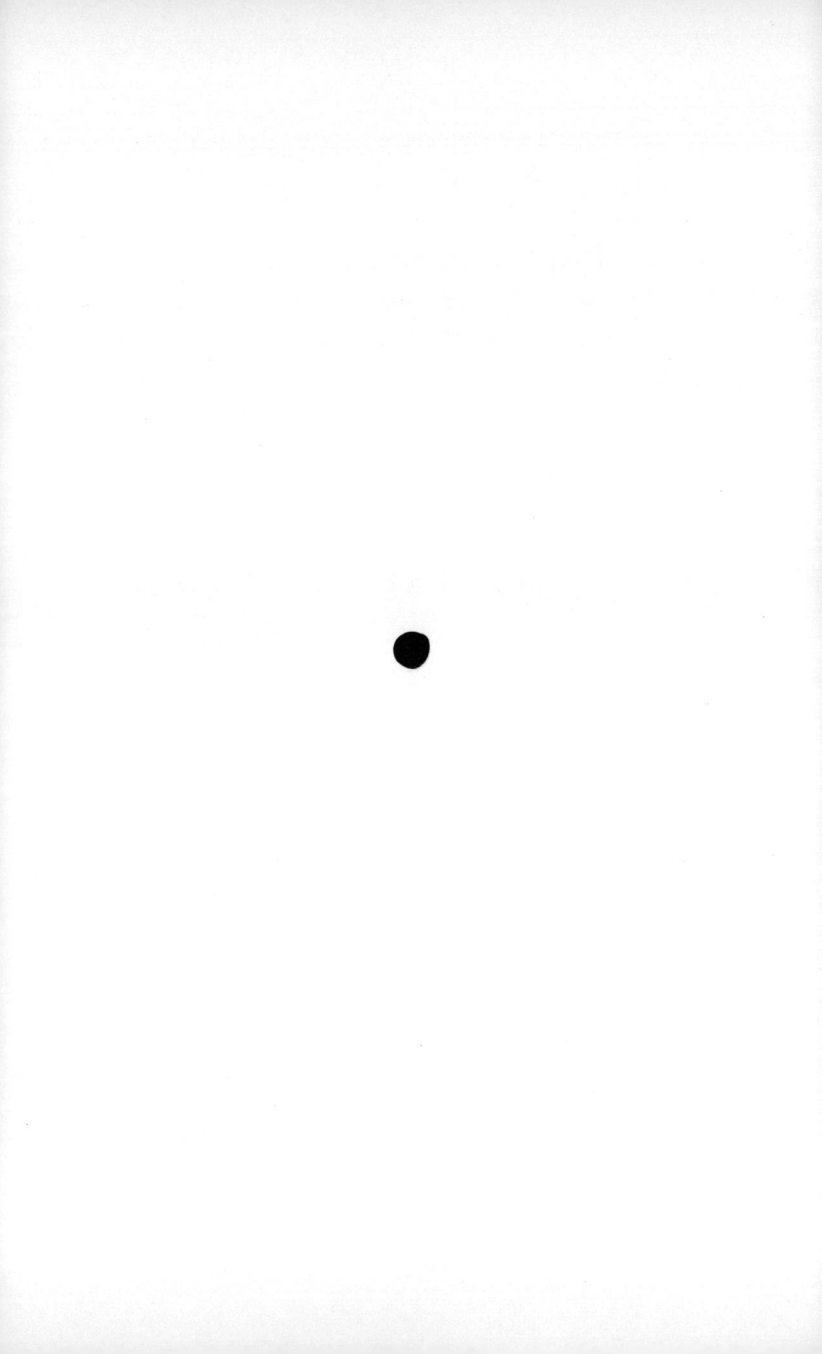

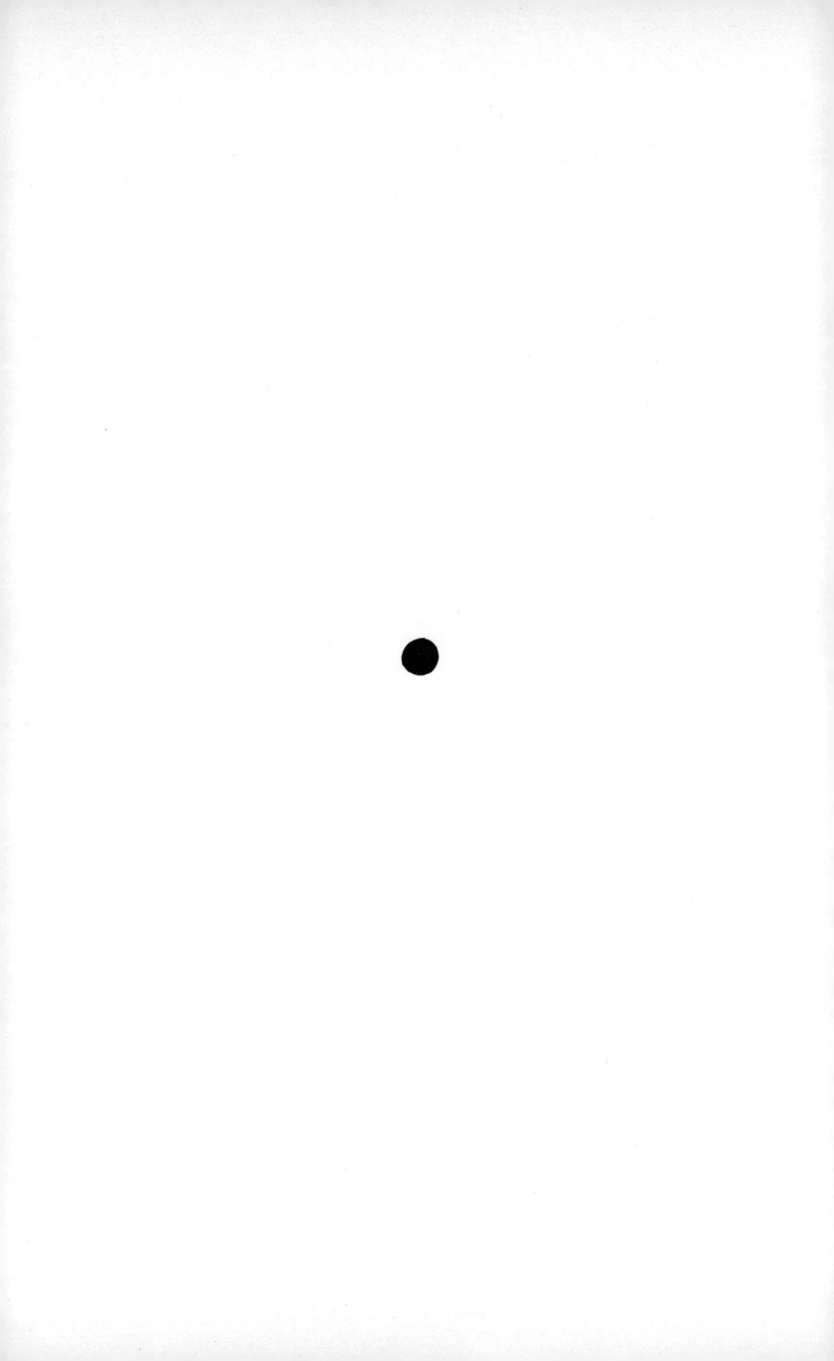

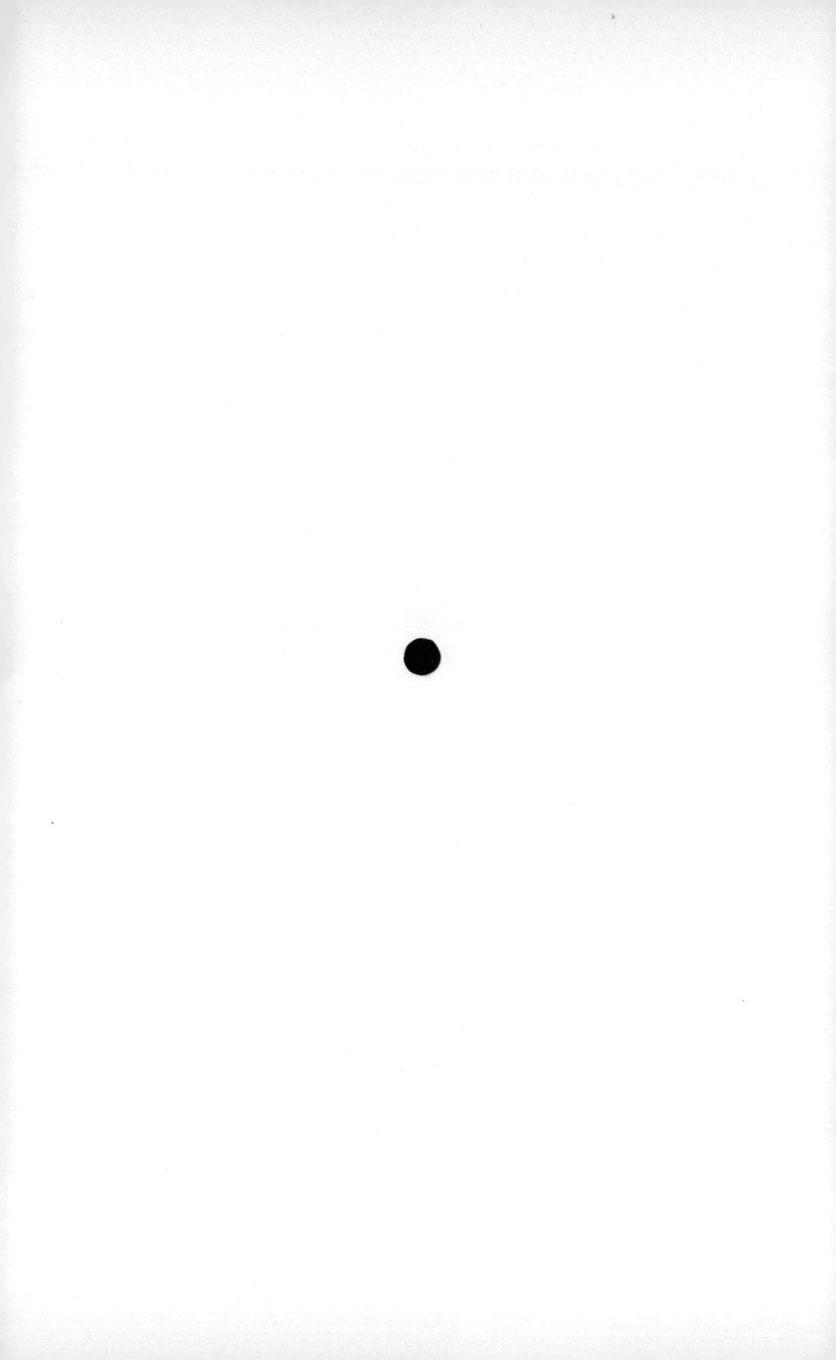

Olá!

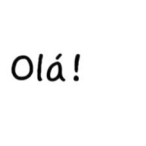

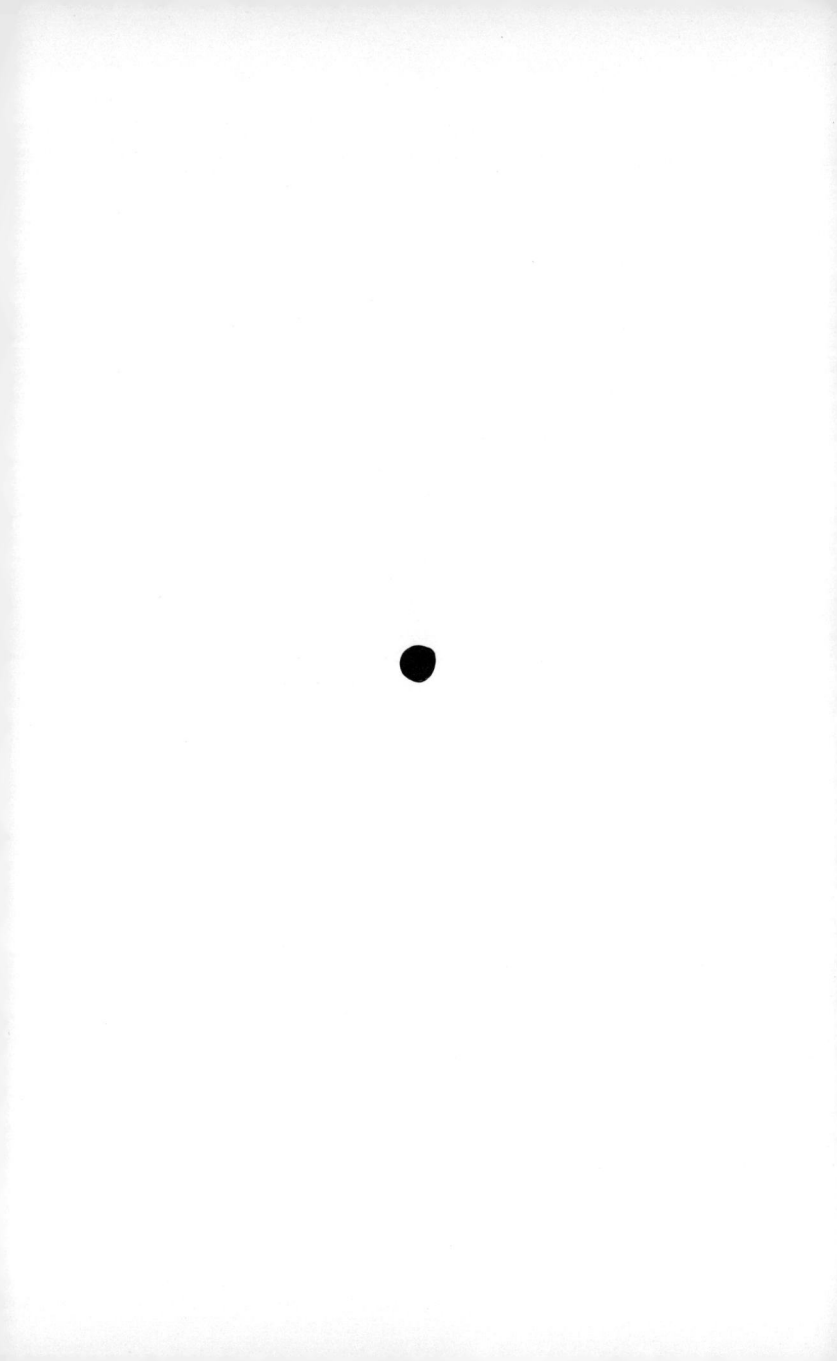

Como você está?

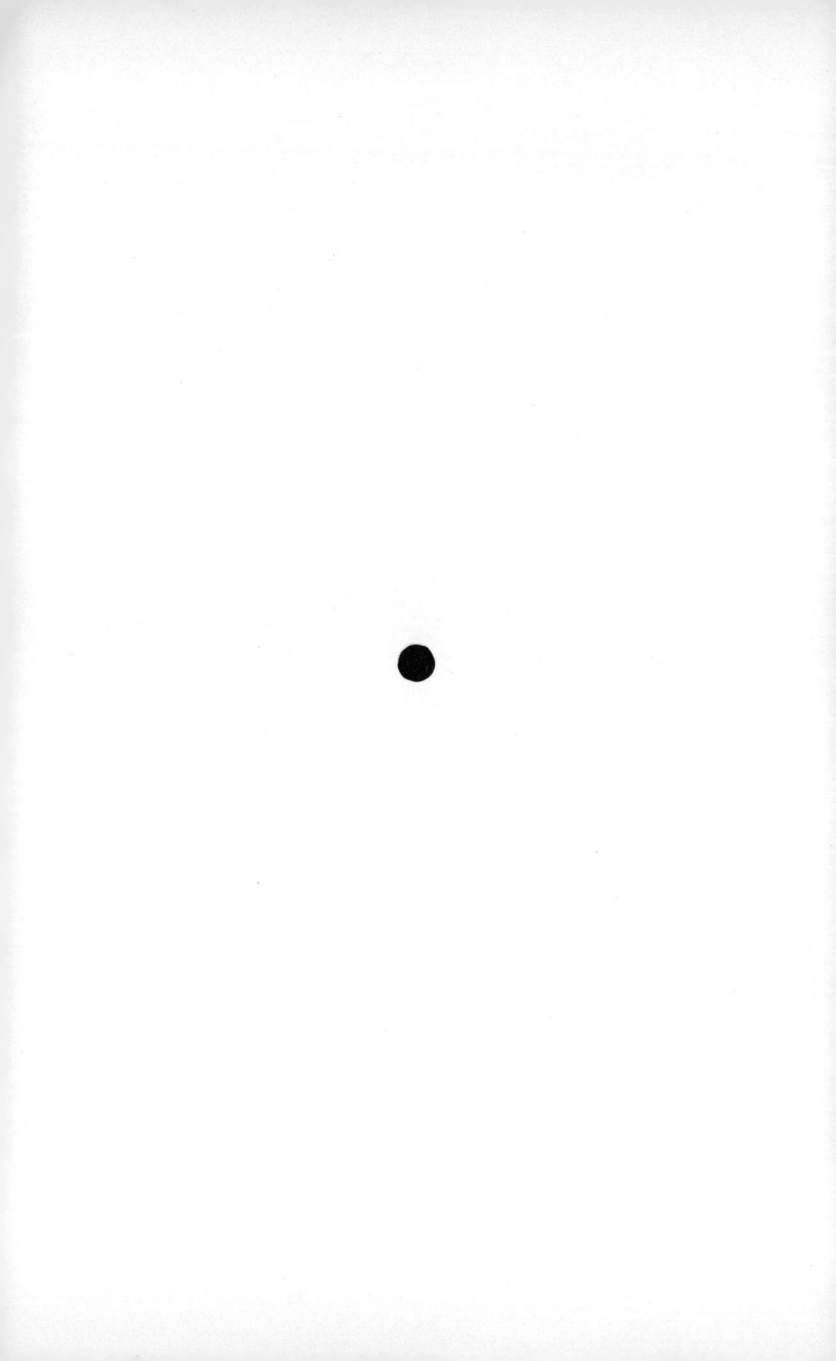

Você está bem?

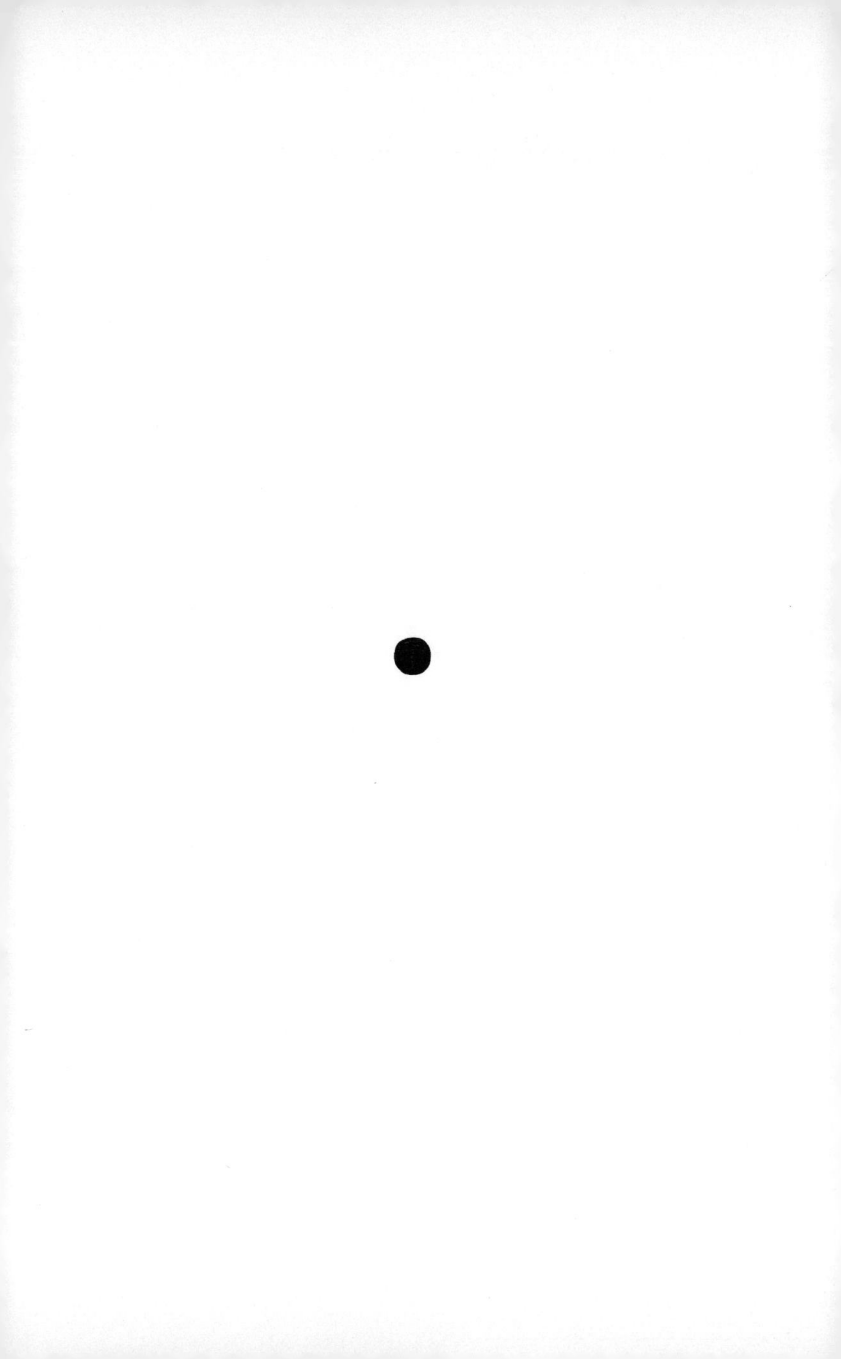

Ou

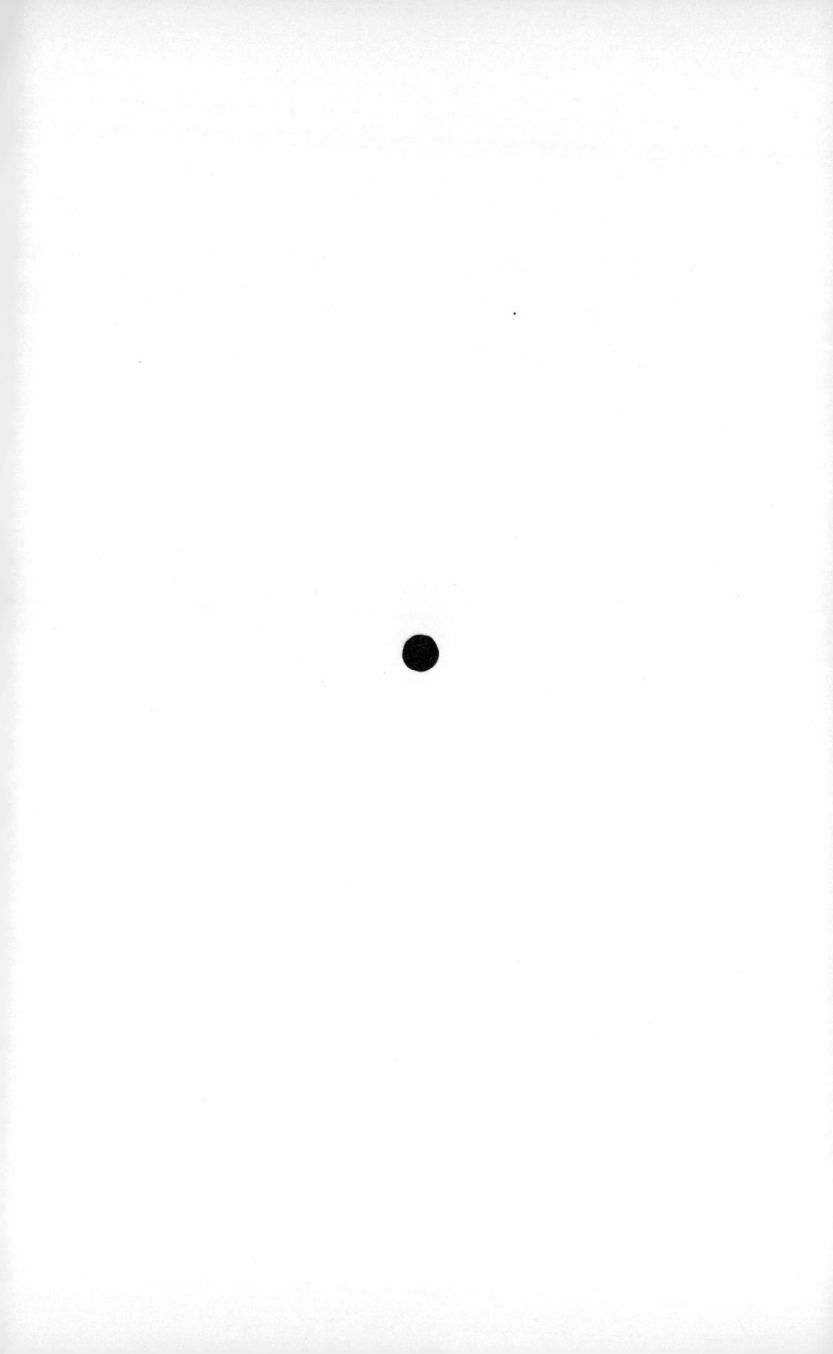

está se sentindo

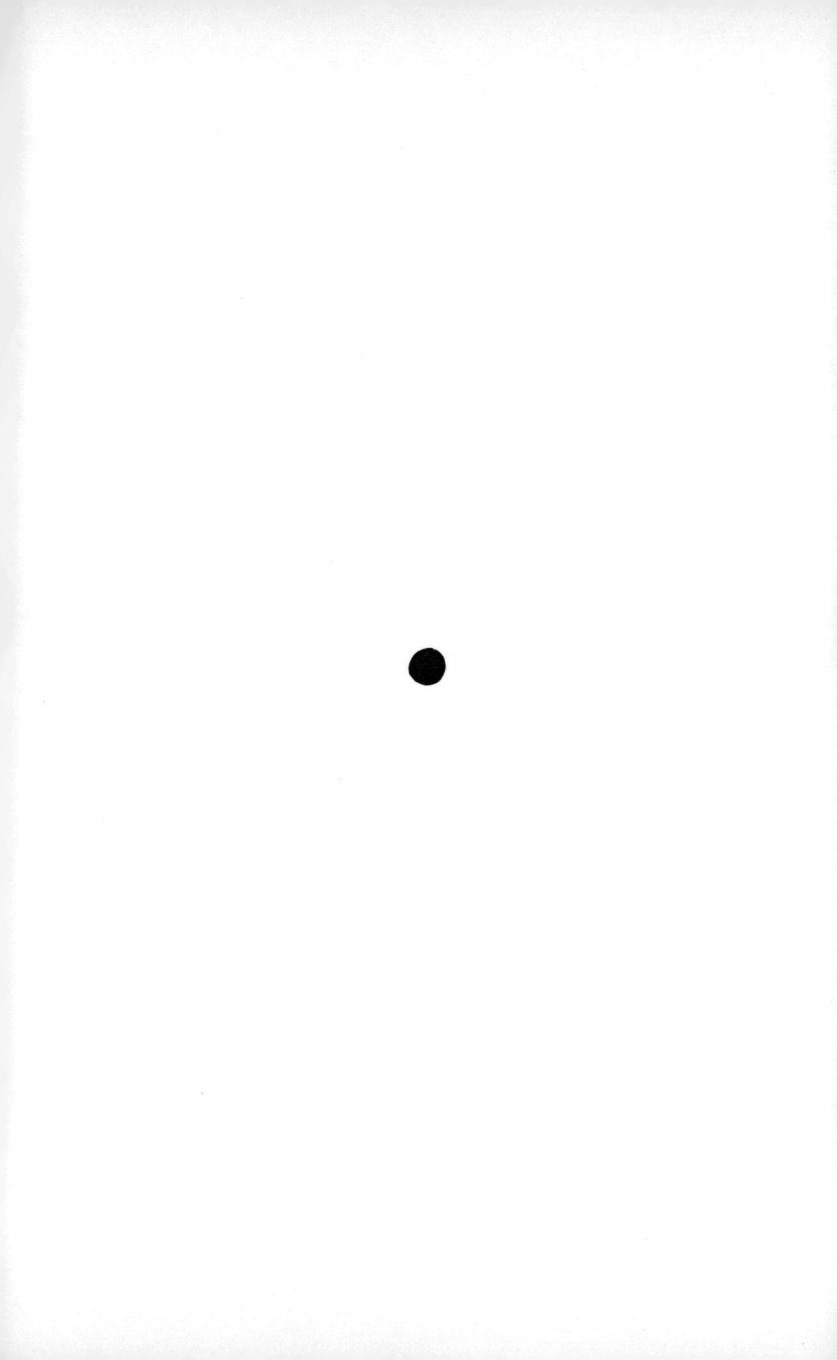

um pouquinho

ou um poucão

ansioso?

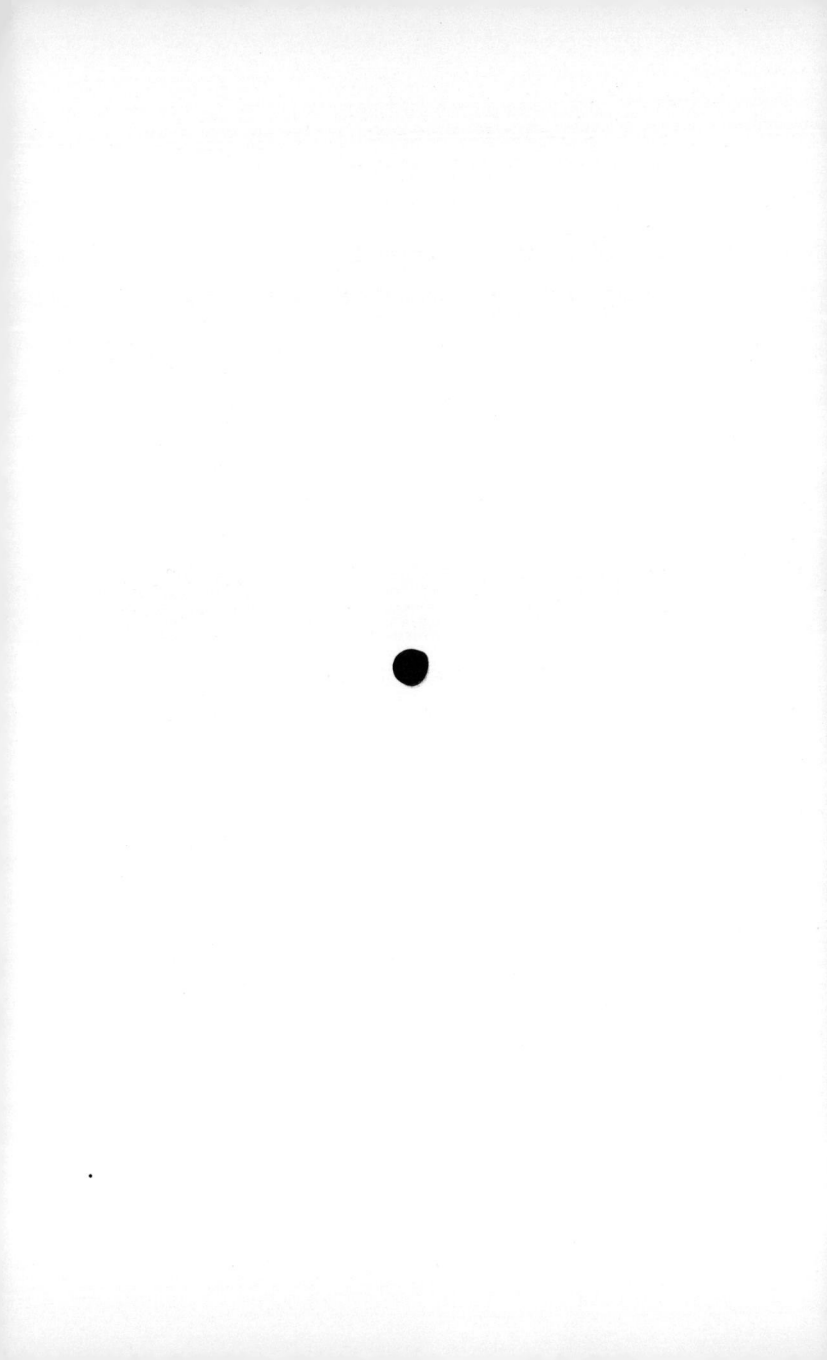

Bem, se você estiver ansioso,

estou aqui para ajudar.

Apenas olhe para mim

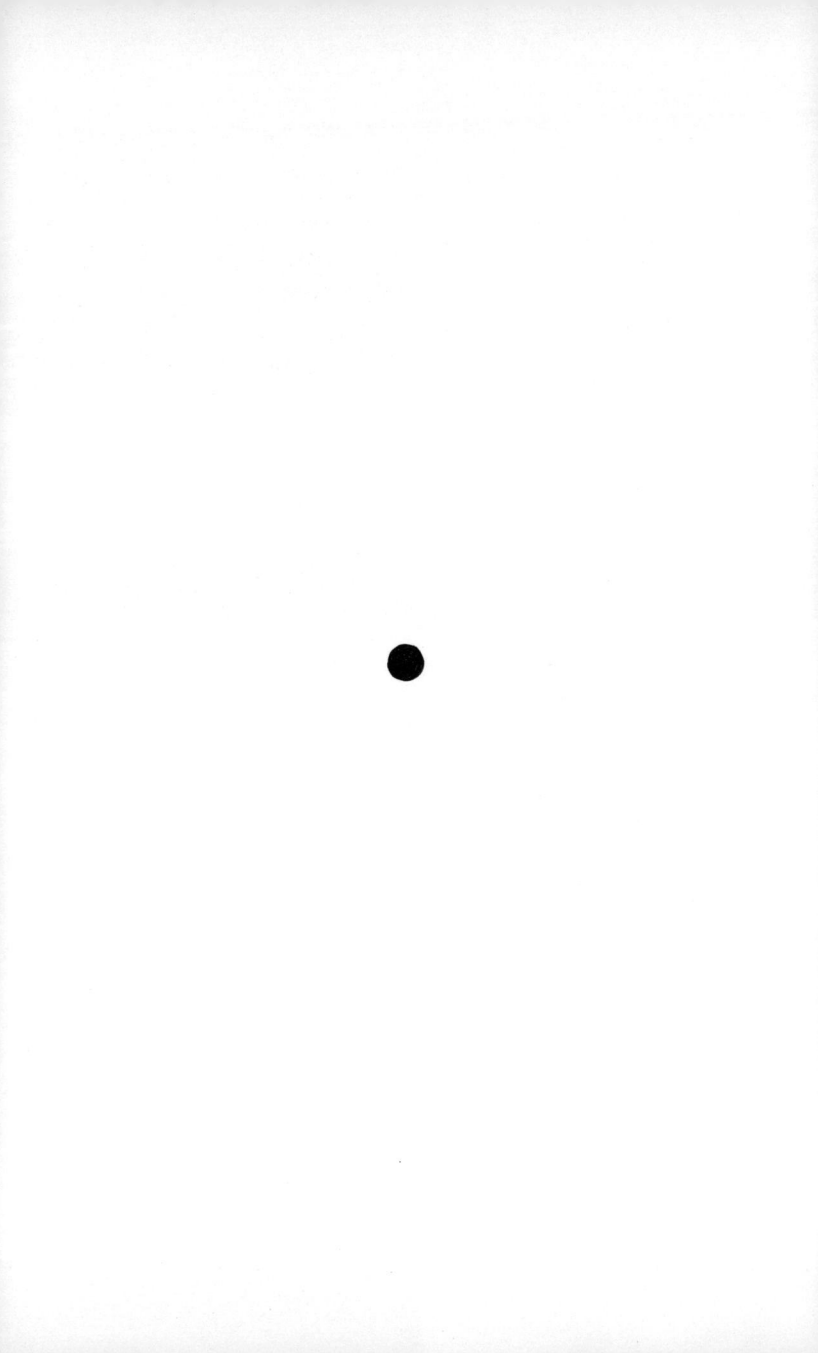

e leve o tempo que precisar.

Só olhe para mim

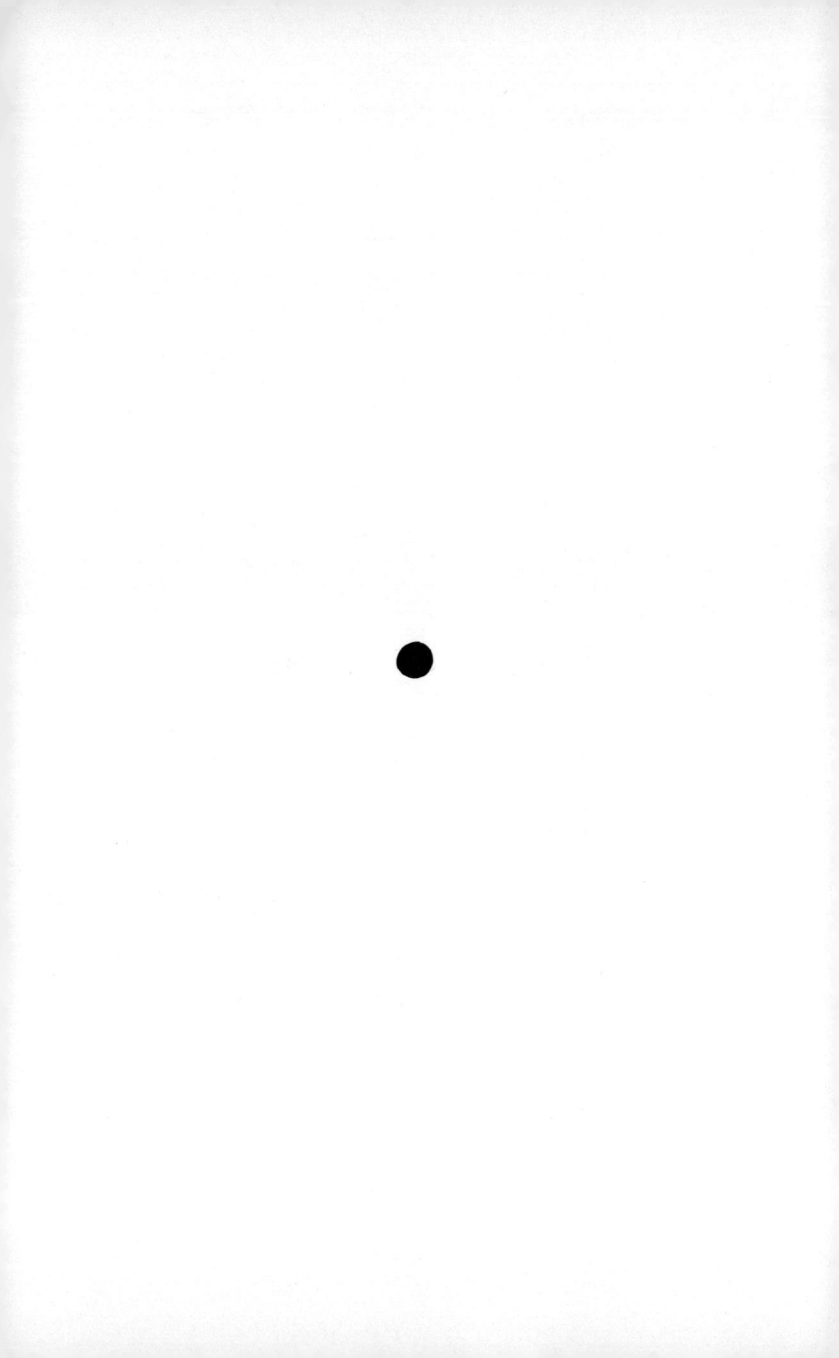

e tudo vai passar.

Meu nome é PONTO.

●

É um prazer conhecer você.

O que você acha

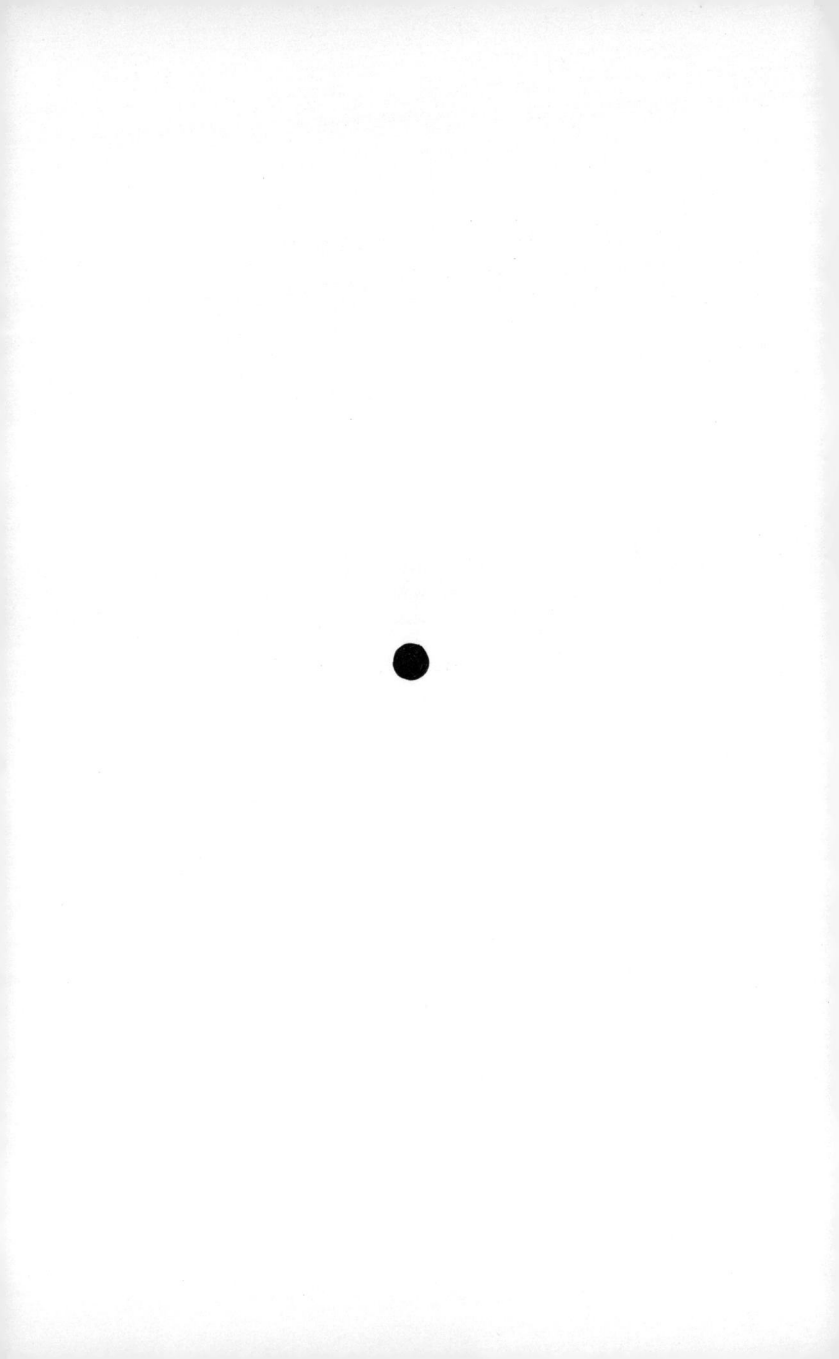

que um ponto pode fazer?

Eu posso virar para a esquerda.

I

Eu posso virar para a direita.

Eu posso olhar para cima,

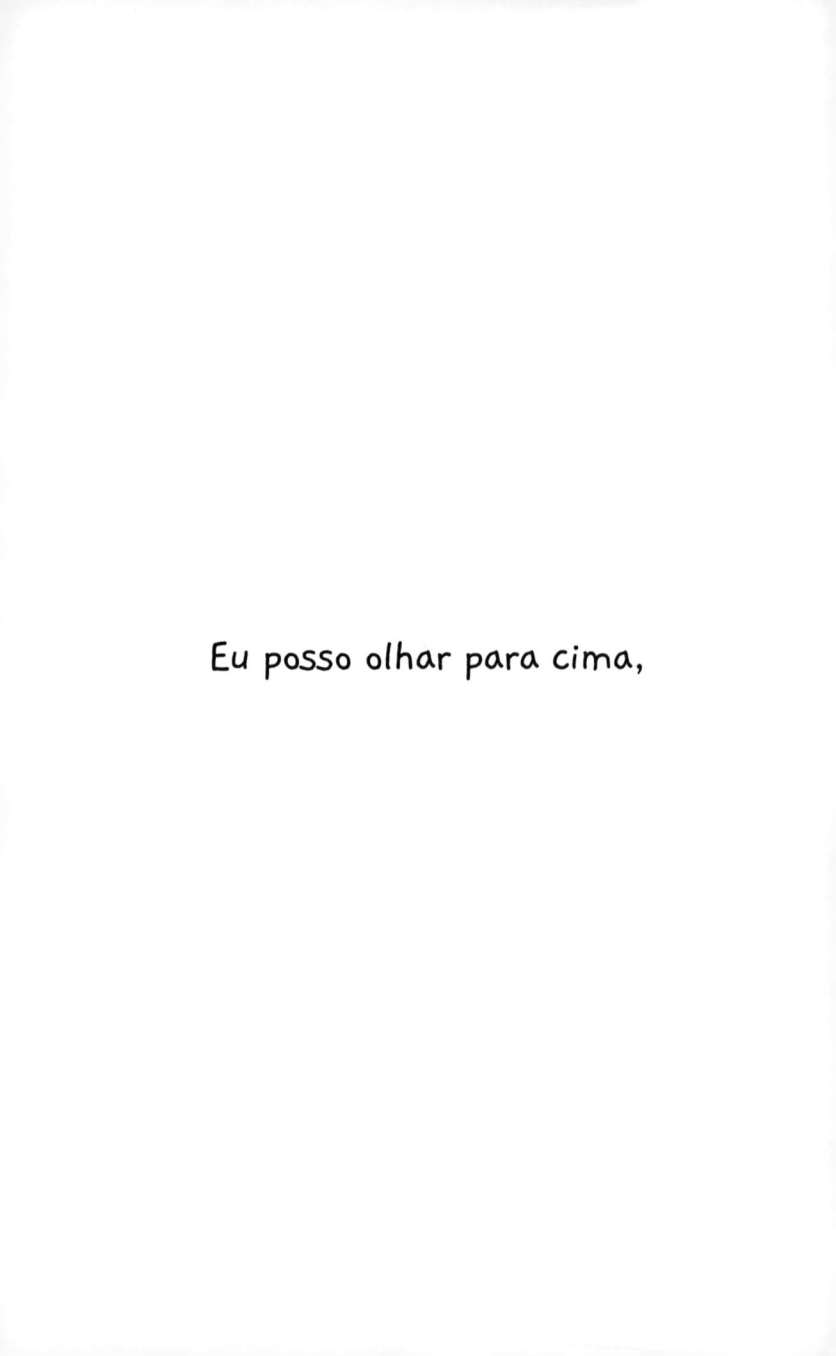

para a lua e o sol,

ou olhar para o chão,

onde seus pés estão.

Se você respirar devagar,

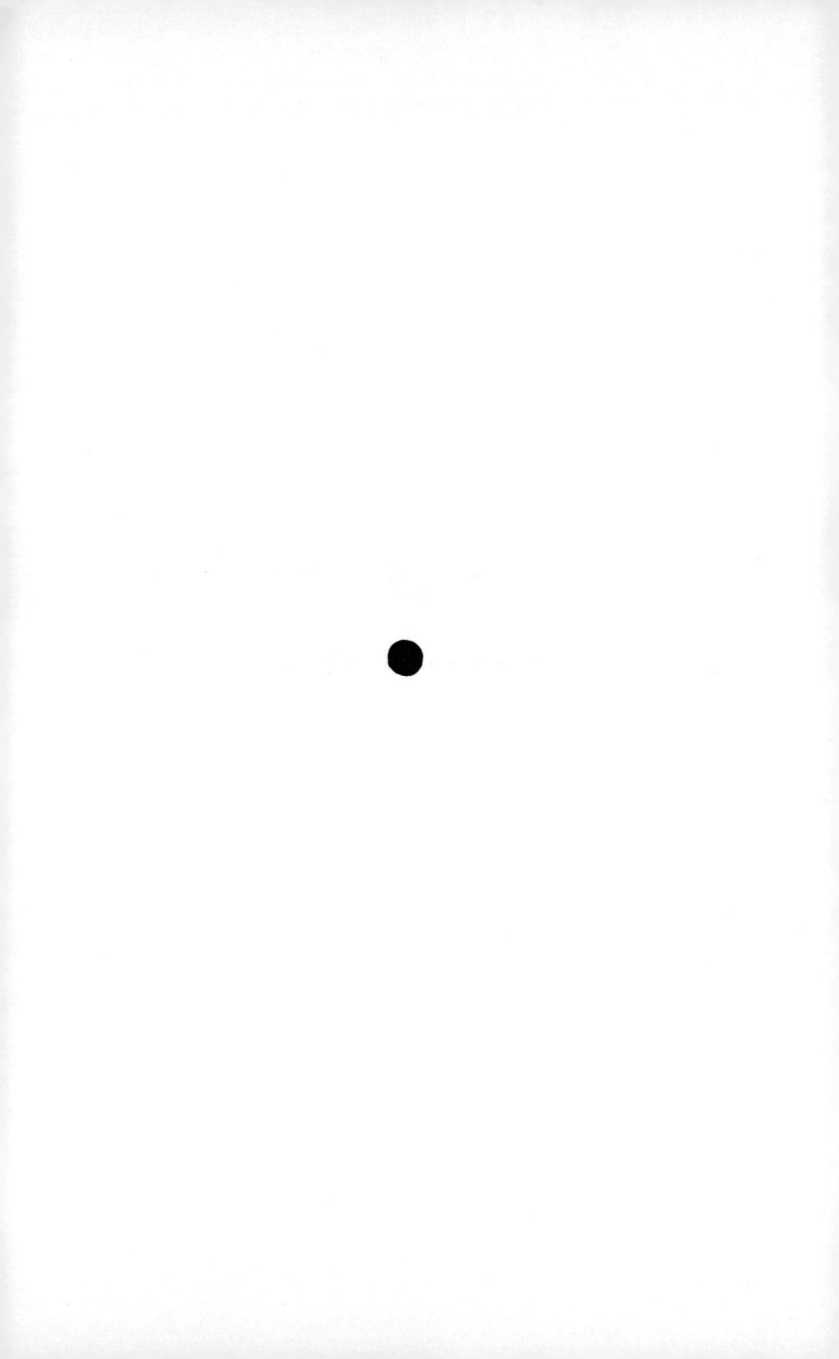

minha forma pode mudar.

Mas antes de começarmos

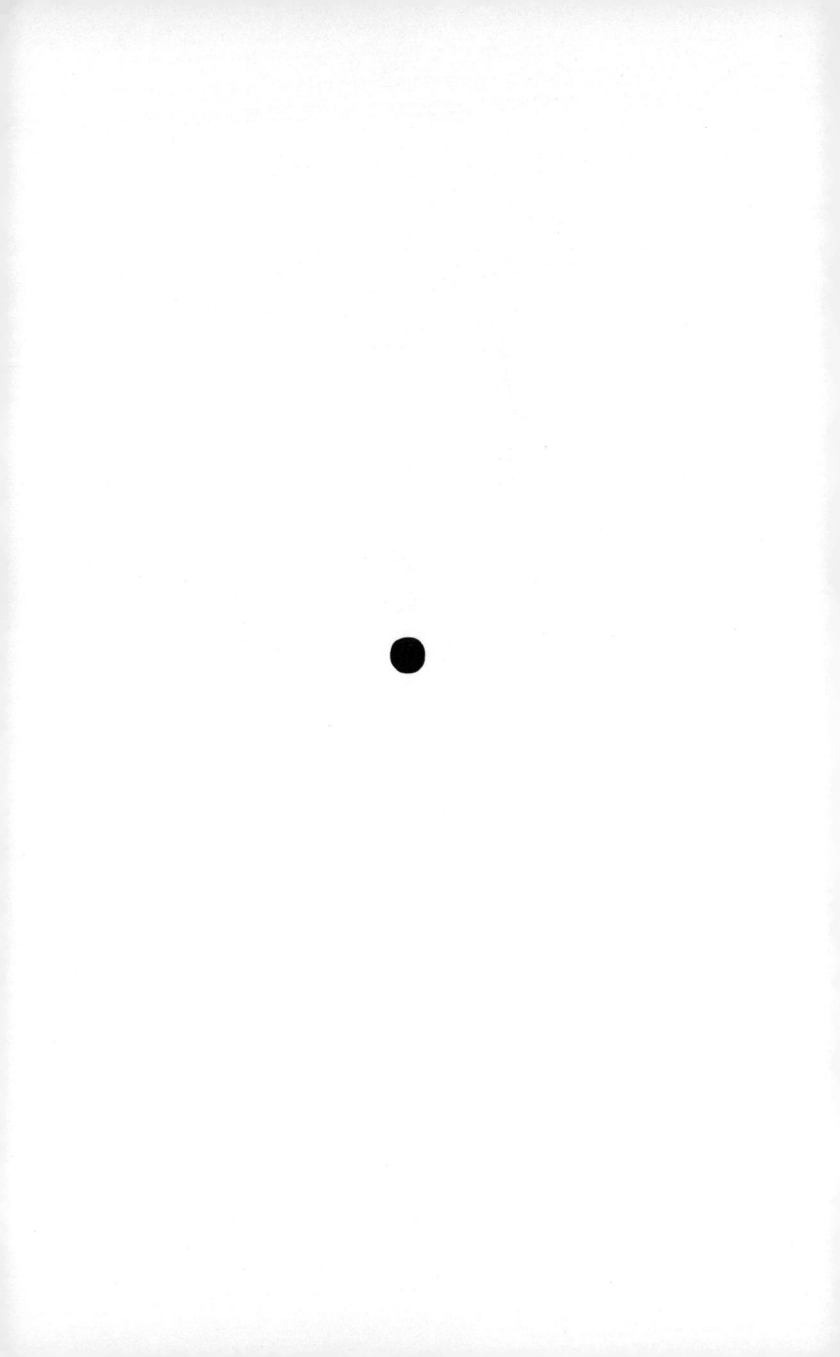

precisamos nos preparar.

Então esvazie os pulmões,

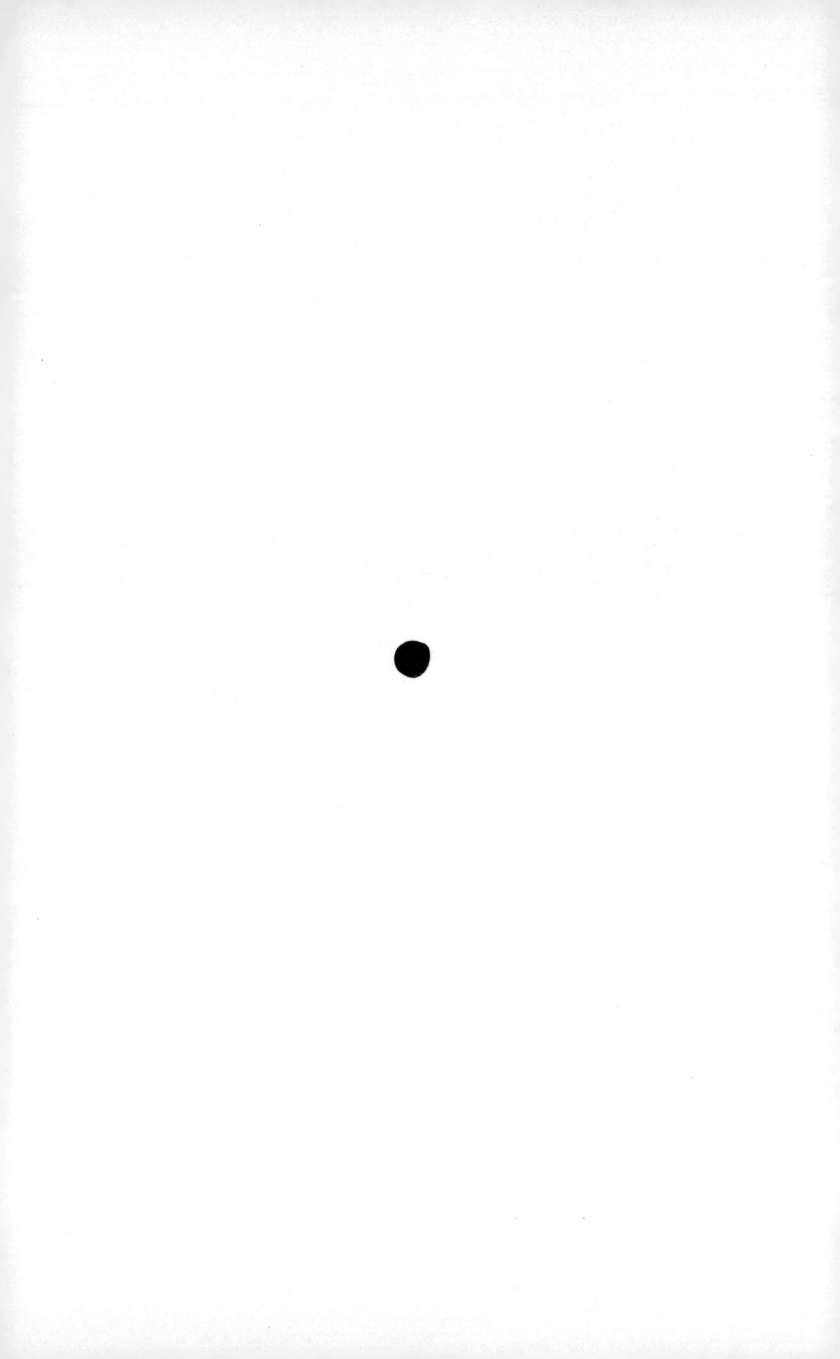

solte todo o ar.

Agora respire fundo,

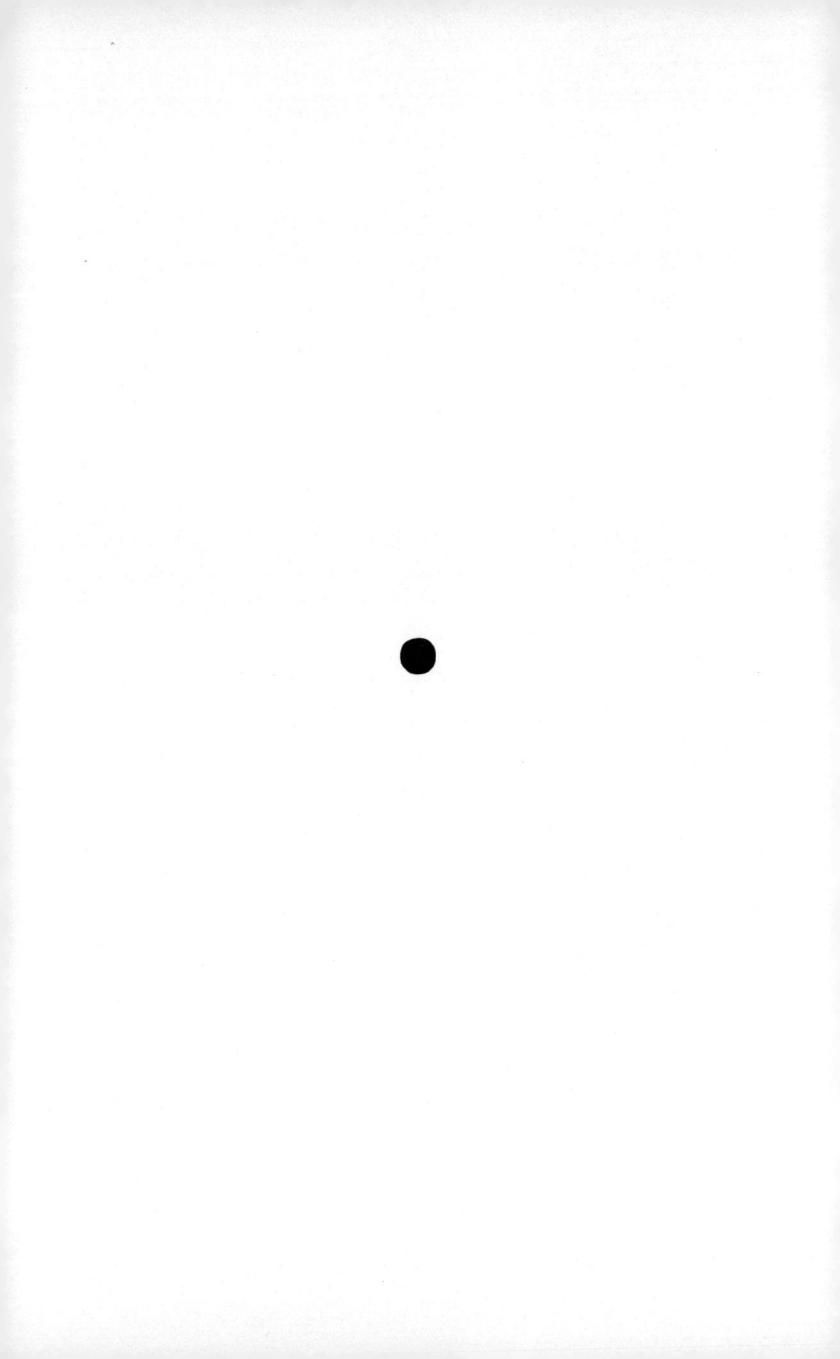

puxe o ar pelo nariz

e expire de uma vez,

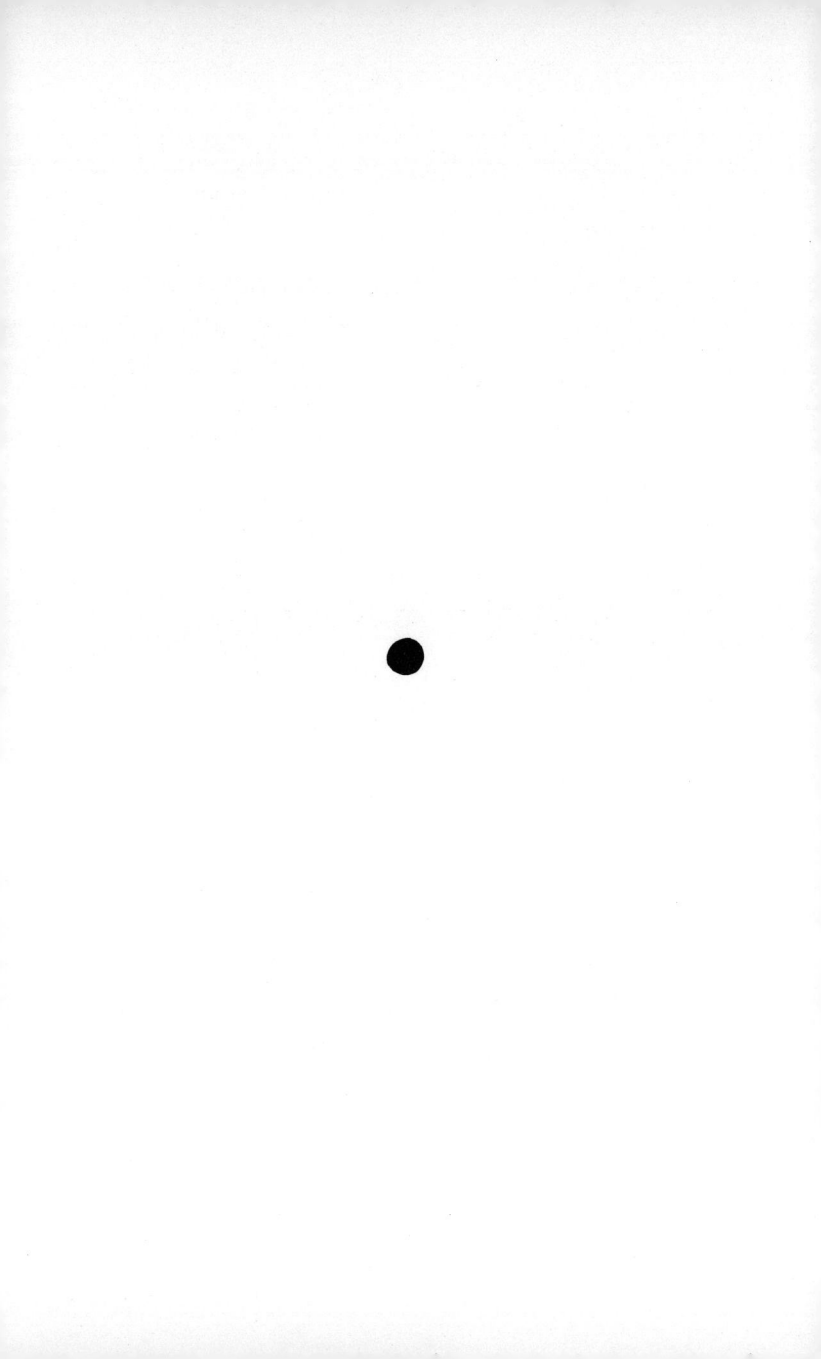

esvaziando totalmente os pulmões.

Inspire pelo nariz

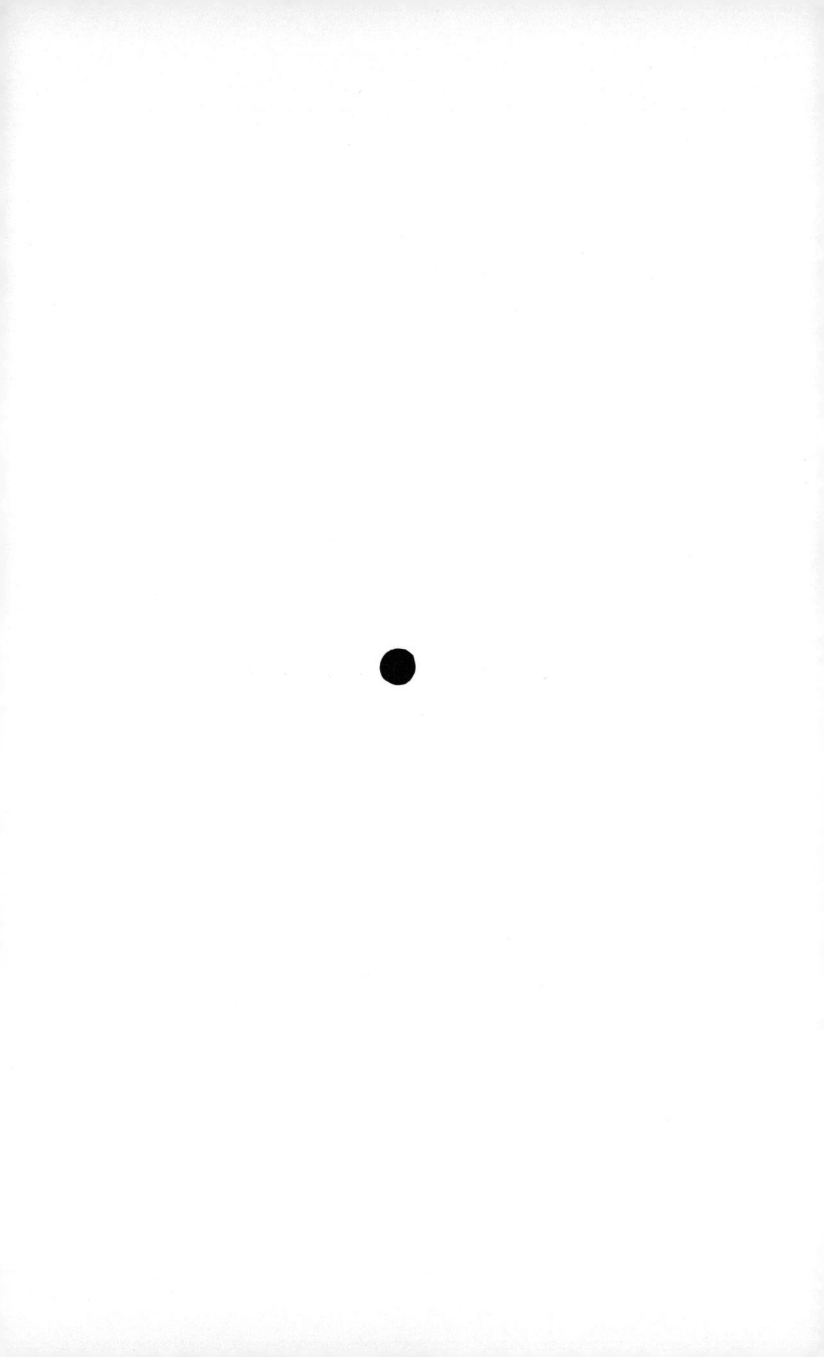

e solte o ar pela boca.

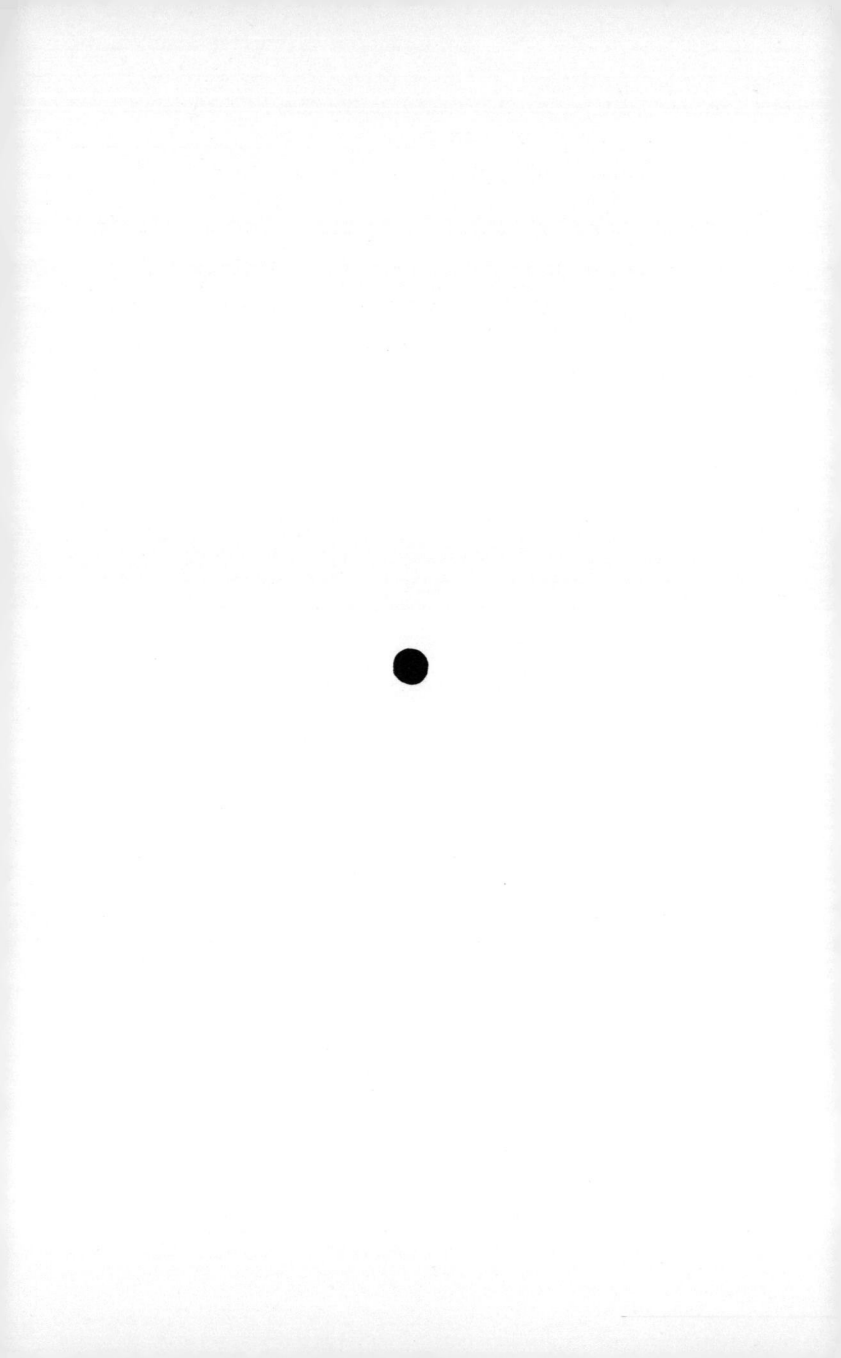

Inspire pelo nariz

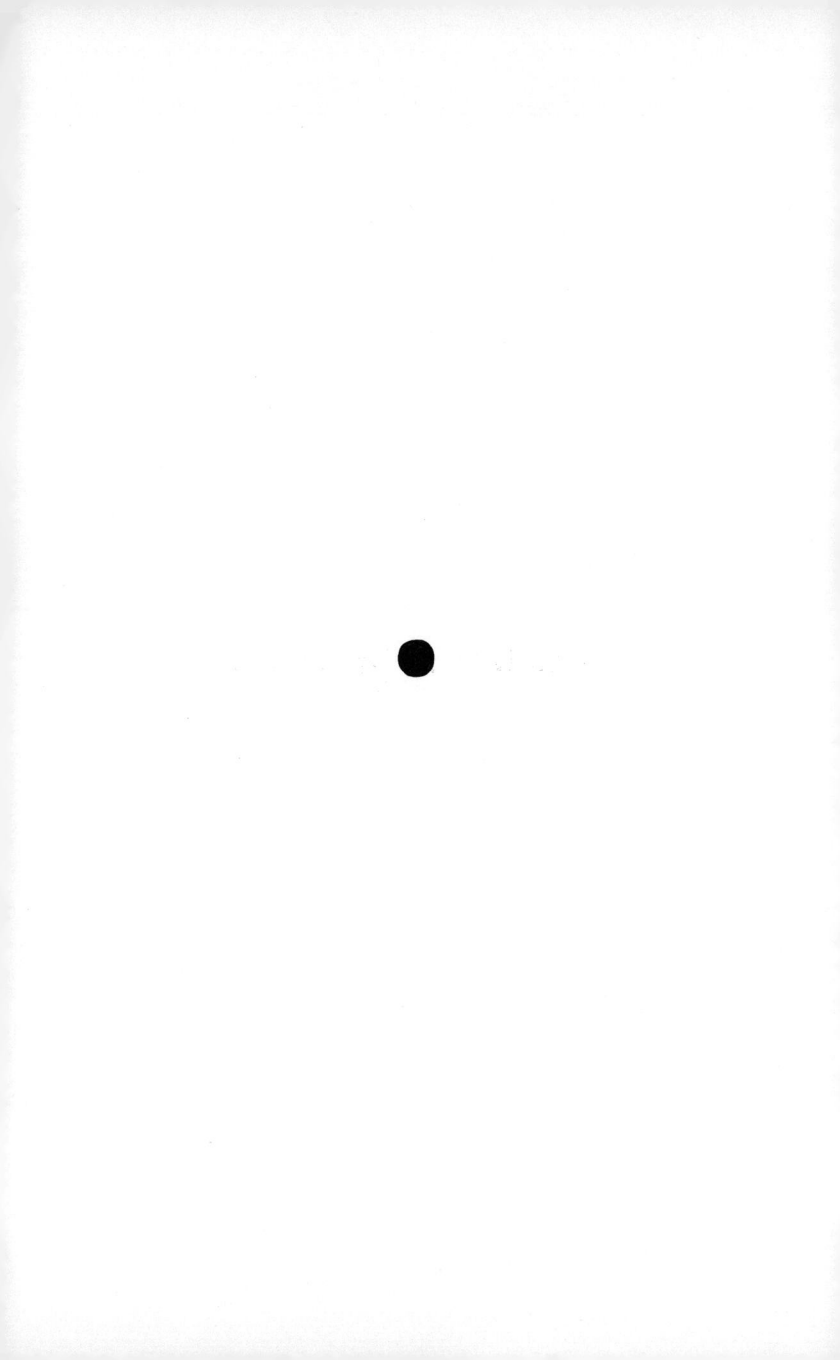

e solte o ar pela boca.

Inspire

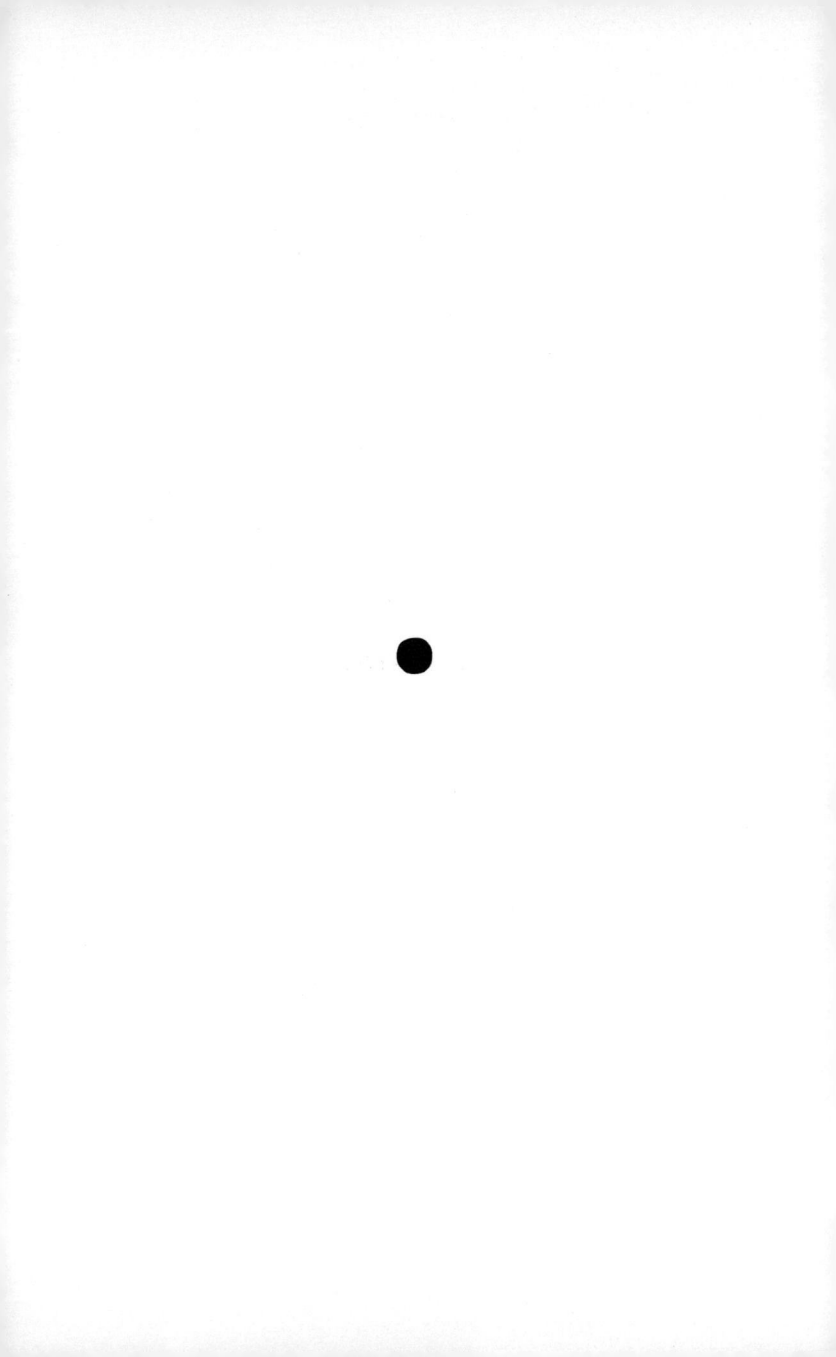

e solte.

★

Inspire

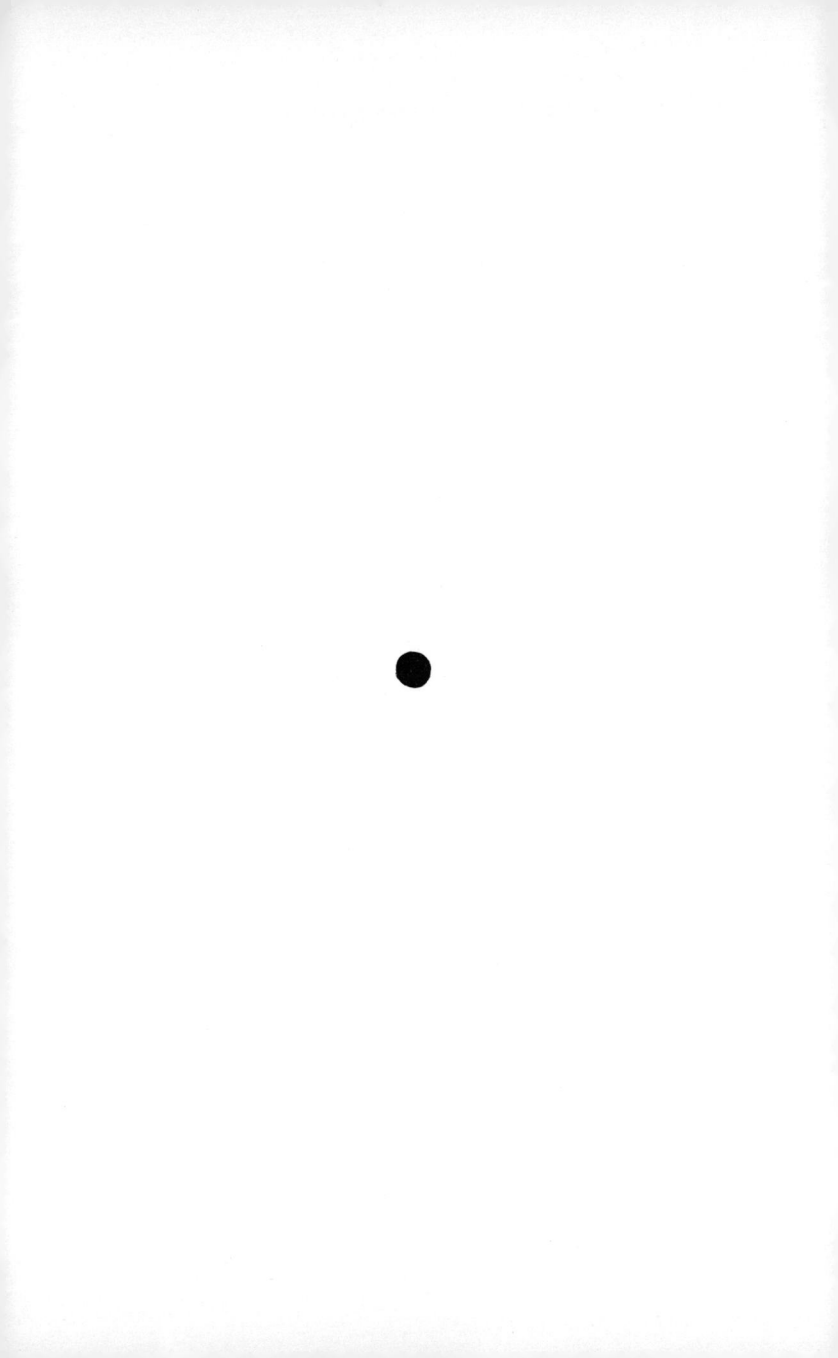

e solte.

☾

Essa é uma ótima forma de respirar.

●

Eu acho muito divertido

imaginar com você

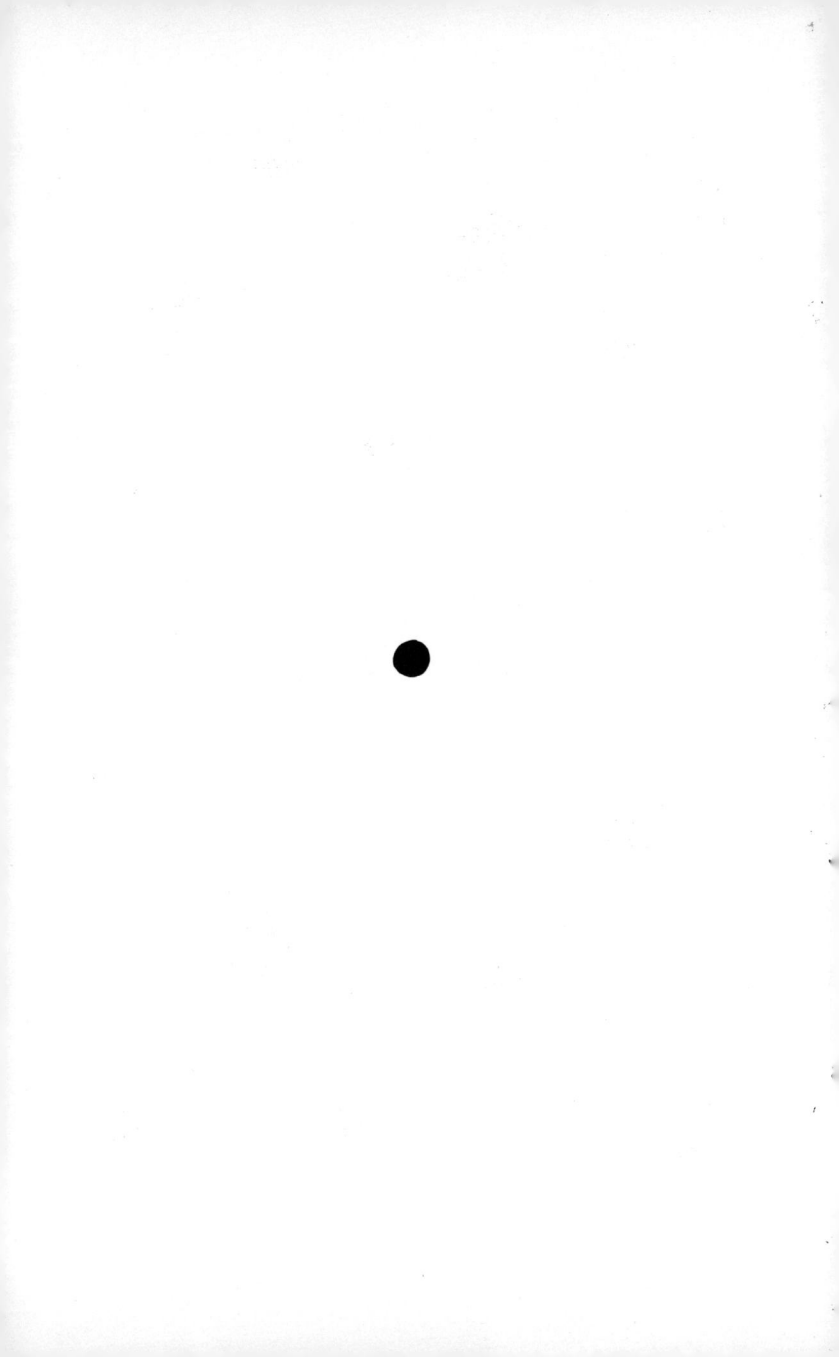

todas as coisas

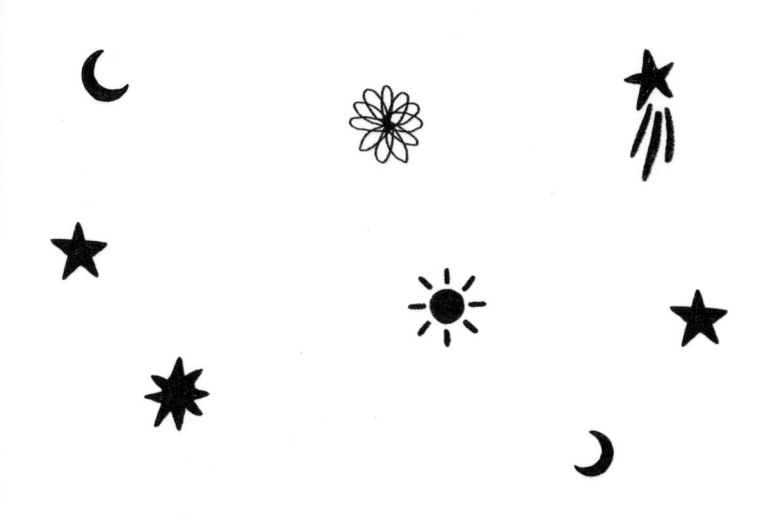

que eu posso ser.

Ei, adivinha só!

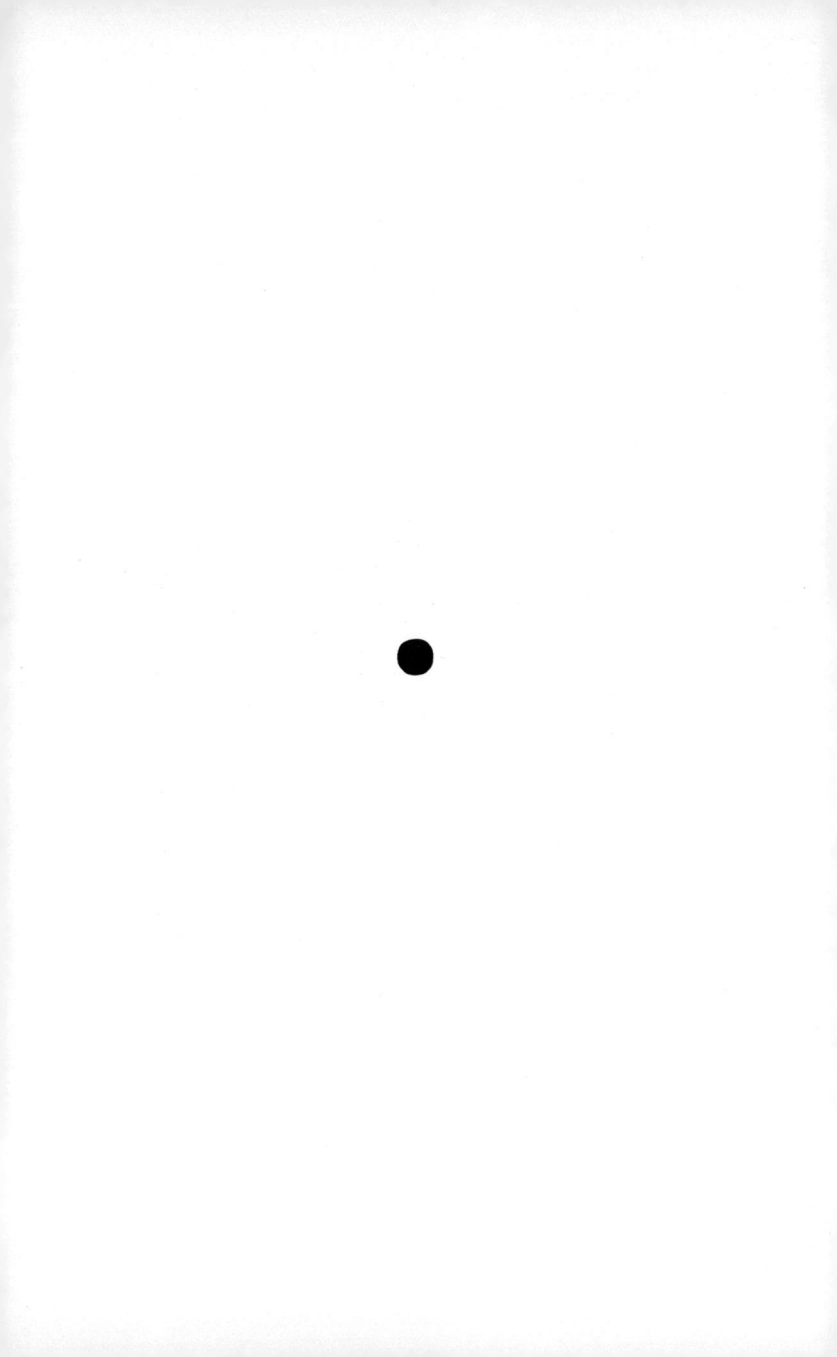

Você sabia

que a partir de coisas pequenas

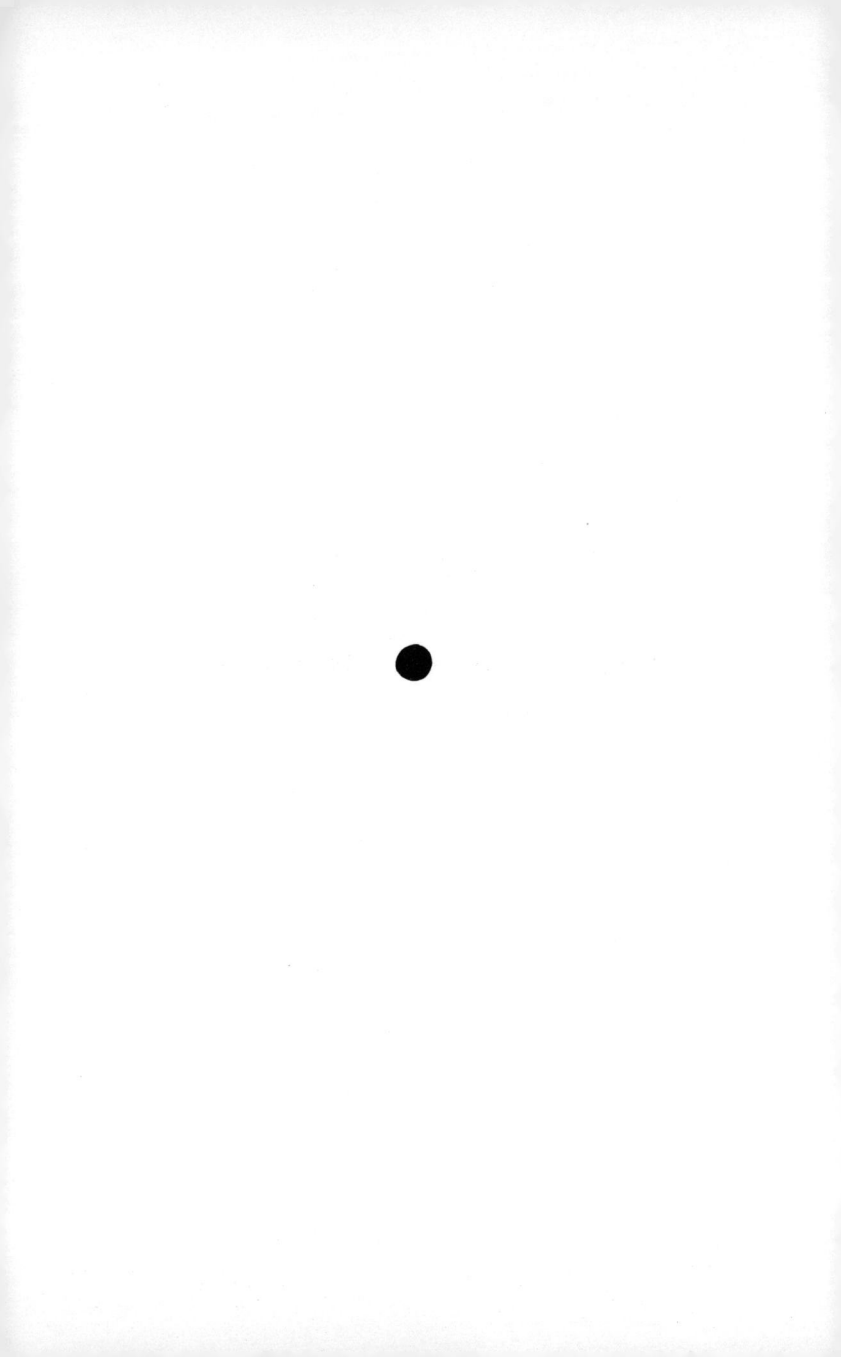

coisas grandes podem surgir?

Então inspire outra vez

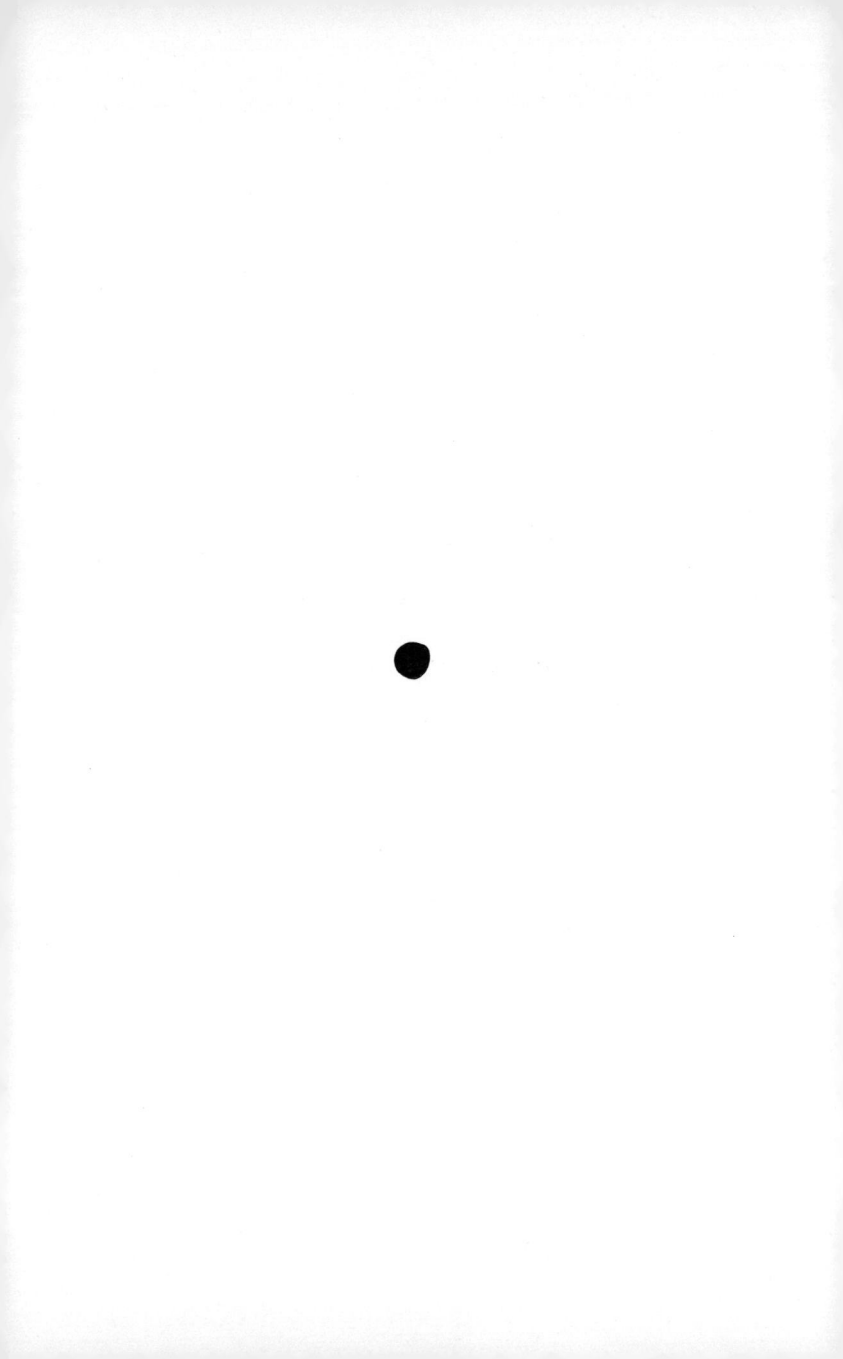

e deixe o ar sair.

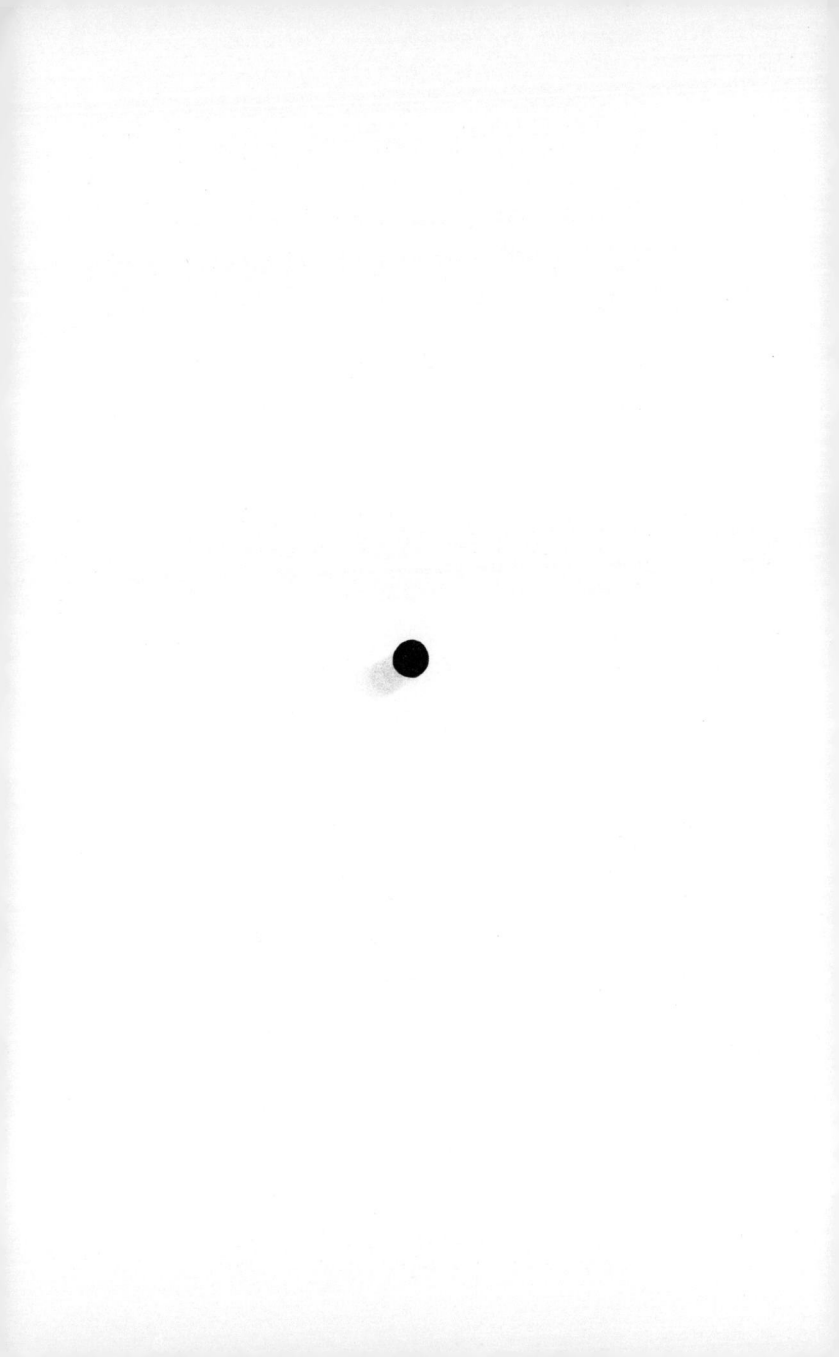

Inspire pelo nariz

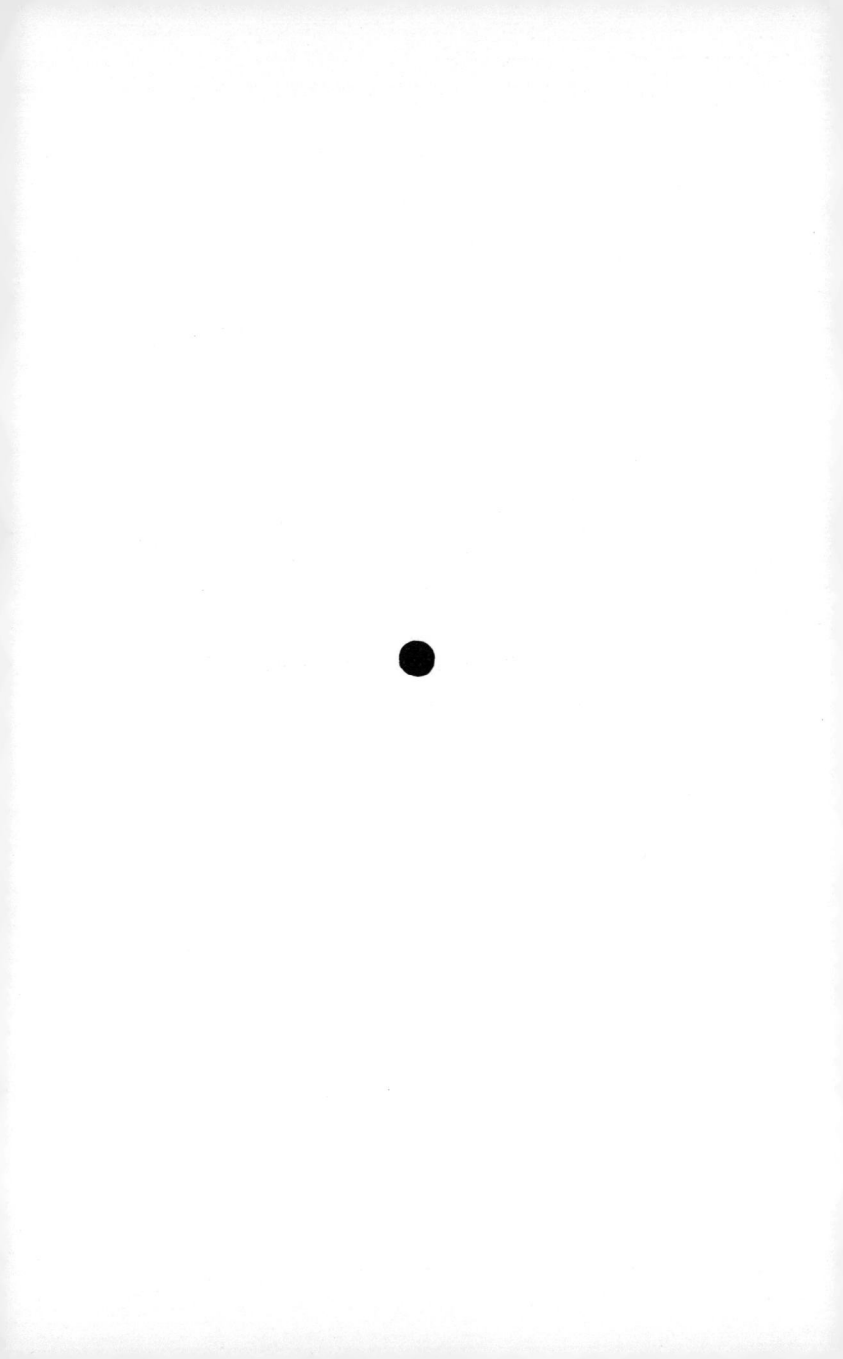

e solte o ar pela boca.

♥

Inspire pelo nariz

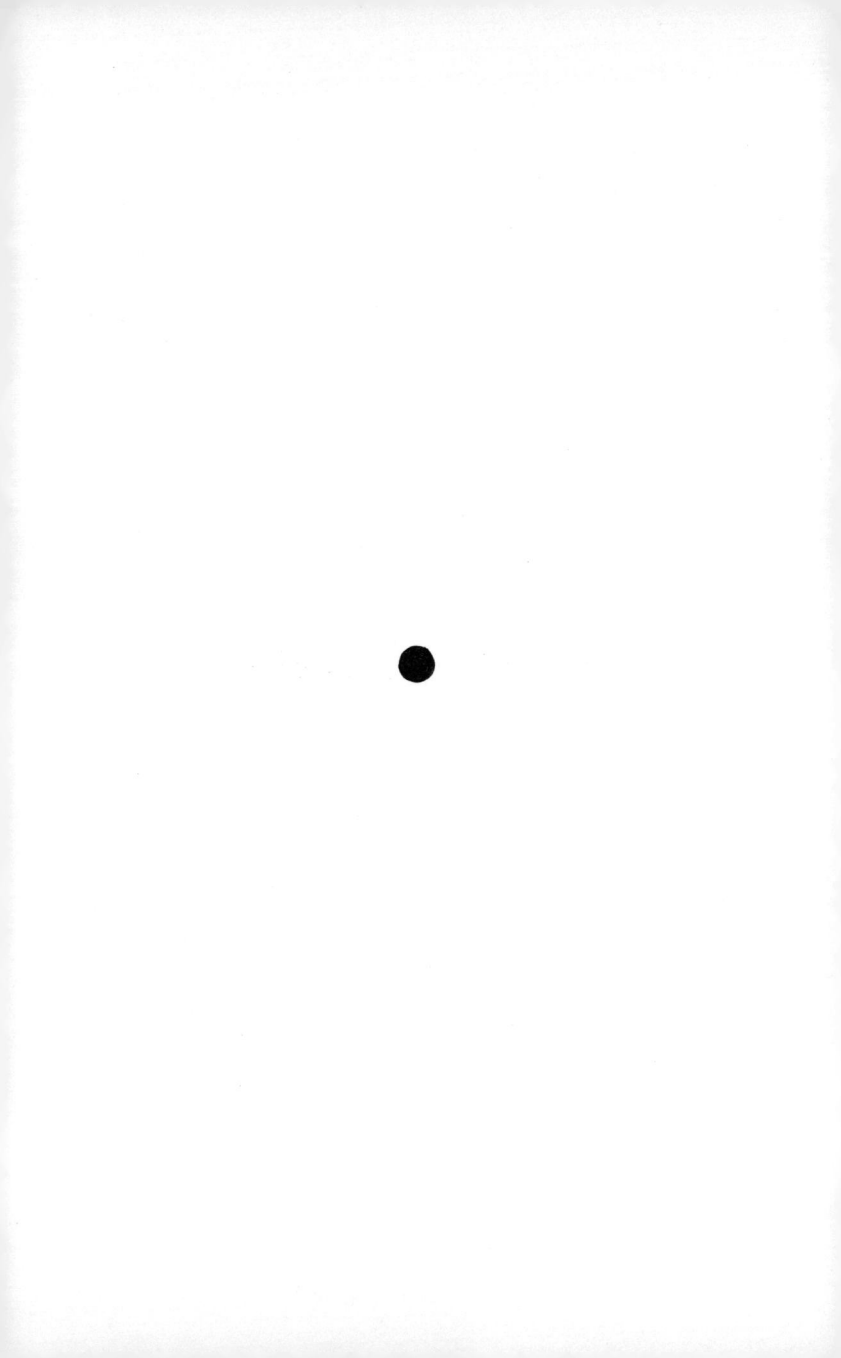

•

e solte o ar pela boca.

Inspire

e solte.

Inspire

e solte.

Uau! Isso foi incrível!

Você está indo muito bem.

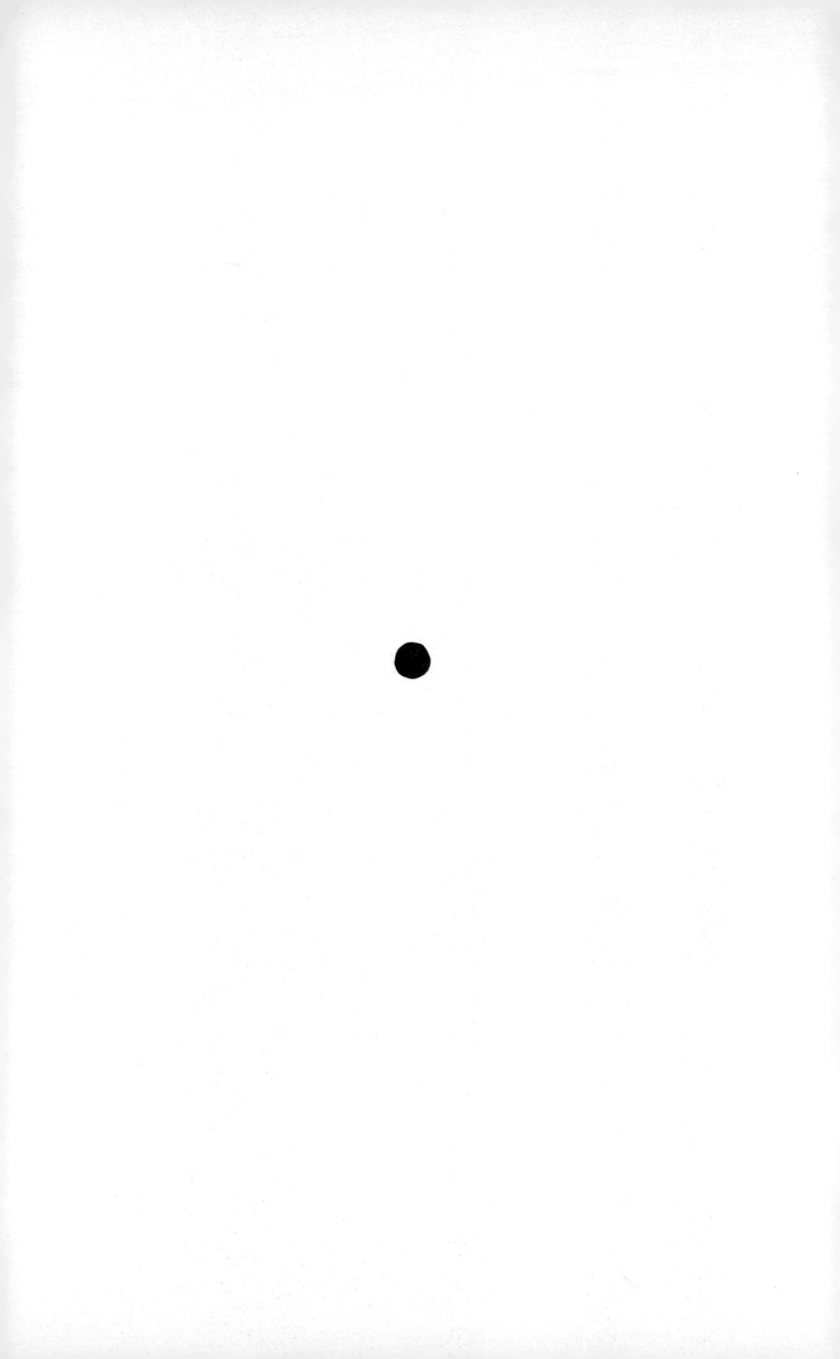

Arrasou!

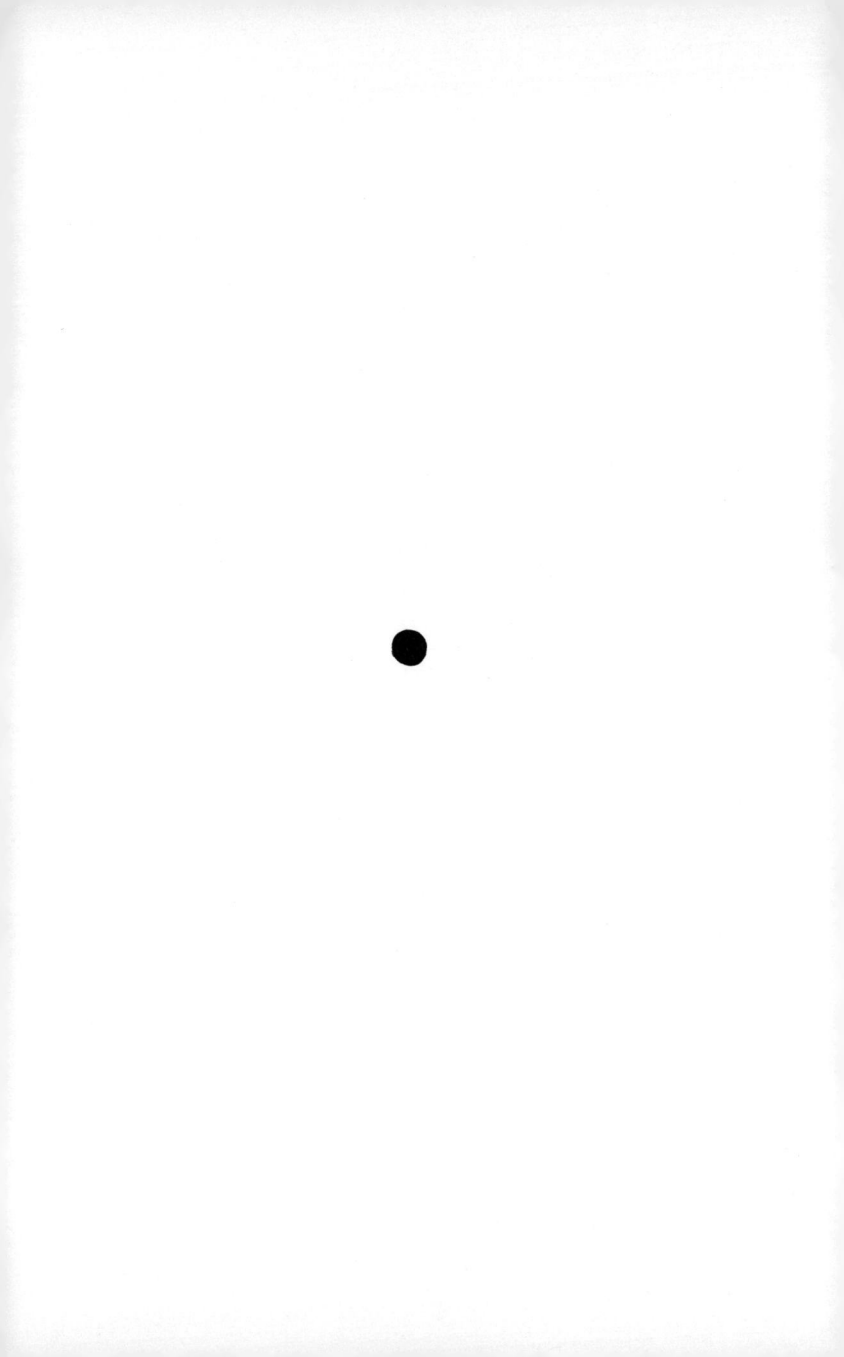

Espero ter ajudado.

Se alguma vez se sentir ansioso

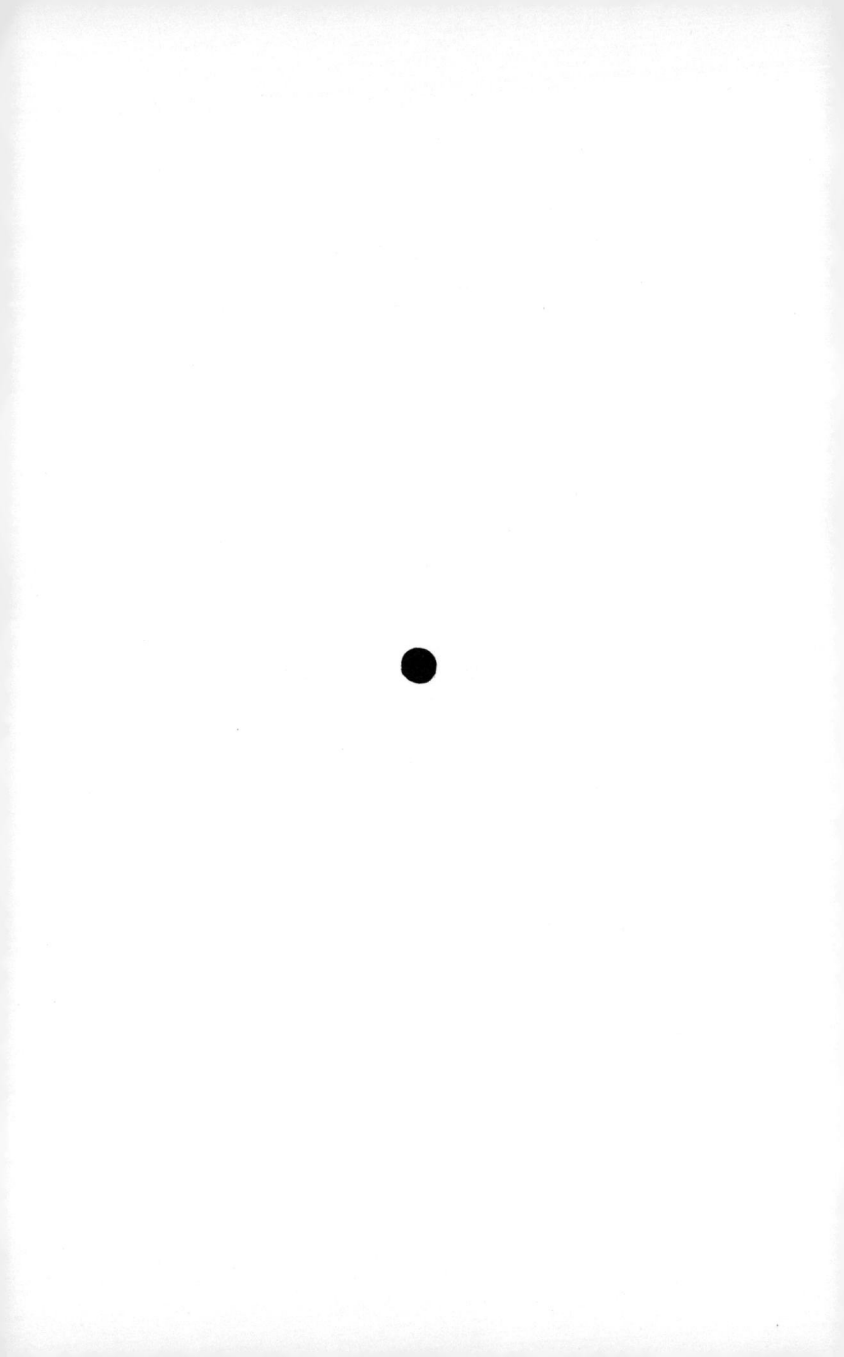

ou um pouco estressado,

o PONTO estará aqui

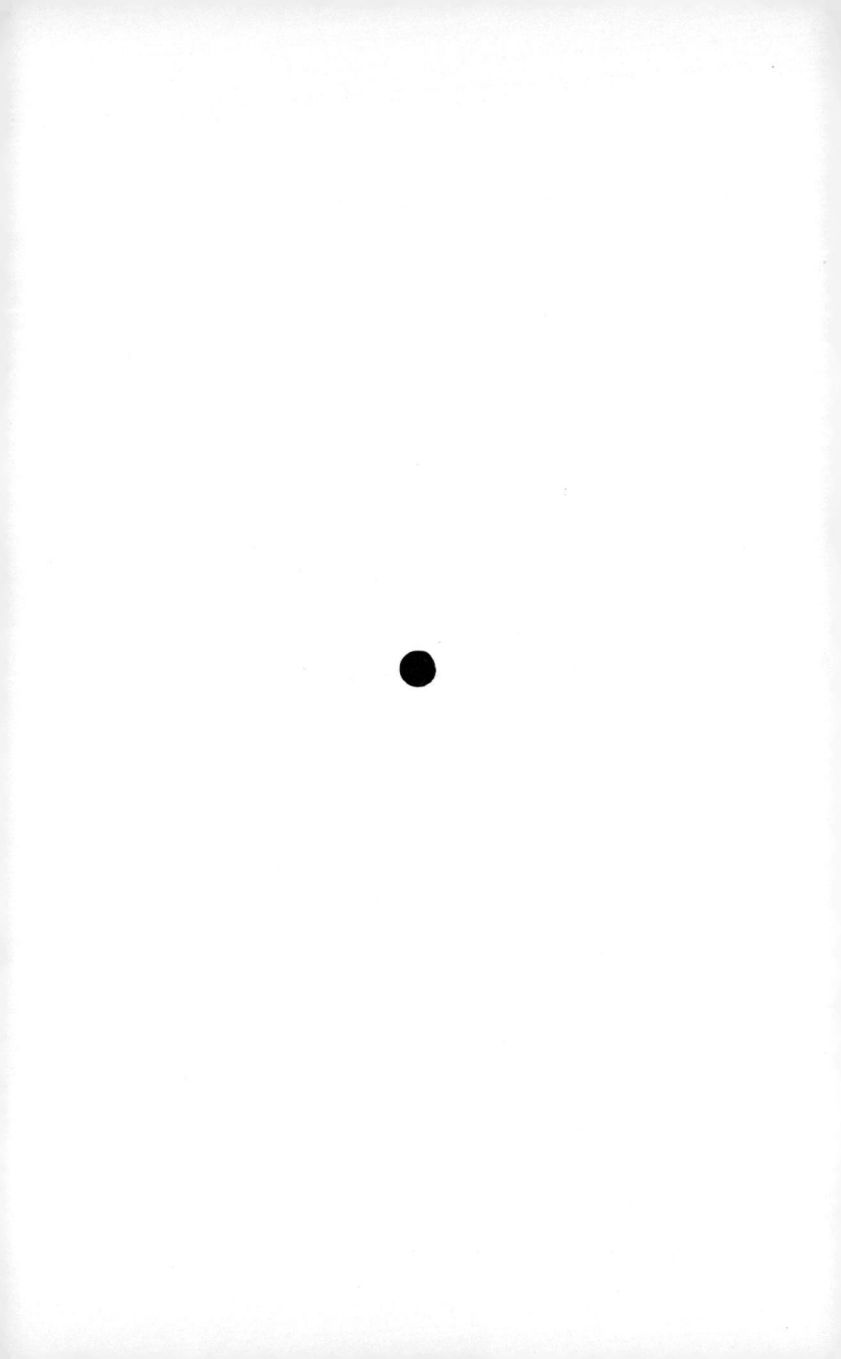

sempre ao seu lado.

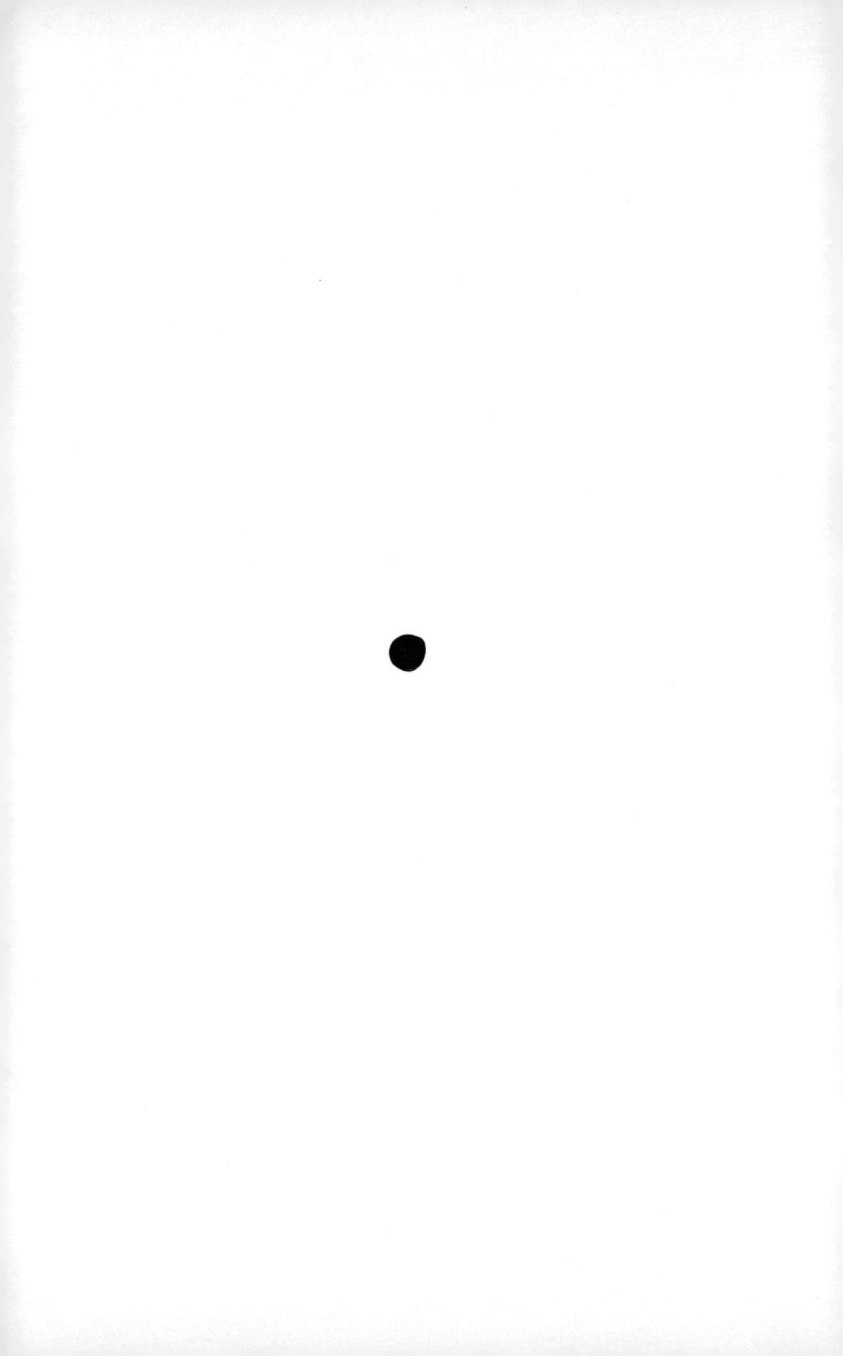

Dedicado a Elodie

Kieran E. Scott é um fotógrafo
neozelandês que por acaso
escreveu um livro
para crianças.

Para saber mais sobre os títulos e autores da Editora Sextante,
visite o nosso site e siga as nossas redes sociais.
Além de informações sobre os próximos lançamentos,
você terá acesso a conteúdos exclusivos
e poderá participar de promoções e sorteios.

sextante.com.br